행복한 자녀로 키우는
멘토 부모

송 지 희

바오로딸

행복한 자녀로 키우는 멘토 부모

2009년 9월 10일 교회인가
2010년 1월 30일 1판 1쇄 발행
2011년 4월 20일 1판 6쇄 발행

지은이 | 송지희
펴낸이 | 이순규
펴낸곳 | 바오로딸

142-704 서울 강북구 송중동 103
등록 | 제7-5호 1964. 10. 15.
전화 | 02) 944-0800 팩스 | 984-3612

취급처 | 중앙보급소
전화 | 02) 984-3611 팩스 | 984-3612
ⓒ 송지희 · 2010 FSP 1171

값 8,500원

이메일 | edit@pauline.or.kr
인터넷 서점 | www.pauline.or.kr
통신판매 | 02) 944-0944~5
ISBN 978-89-331-0998-4 03180

Mentor Parents Raising Happy Children
Copyright ⓒ 2010 by Song Gee-hee

Published by Pauline, Seoul, Korea
All rights reserved

추천글

부모 노릇만큼 어려운 일이 또 있을까?

　세상에서 부모 노릇만큼 어려운 일이 또 있을까? 이기자니 그렇고, 지자니 안 되겠고, 싸우자니 그렇고, 안 싸우자니 안 되겠고, 그래서 부모는 자녀들과 언제나 긴장 상태다.

　물론 부모 노릇을 편하게 하는 사람도 있다. 그러나 겉보기에 그럴 뿐이고, 부모인 이상 긴장 상태에 놓여 있기는 마찬가지다. 대부분의 부모는 그런 긴장을 운명으로 알고 감수한다. 자식 문제는 결국 내가 풀어 갈 수밖에 없지 않느냐고 체념하면서 말이다.

　그러나 자녀들이 제기하는 문제에는 유사성과 공통점이 많다는 점에 주목하면, 체념하는 부모들에게 깨달음과 지혜와 힘을 주어 자녀 양육에 성공하도록 도와줄 수 있다. 이 책의 저자 송지희 선생이 바로 이 점에 착안했다.

이 책에는 10대 자녀들이 겪는 친숙하지만 심각한 문제가 사례별로 제시된다. 대부분의 청소년이 흔히 겪는 문제도 있지만 소수만이 겪는 특이한 문제도 있다. 이 문제에 대한 간결하고도 명쾌한, 그러면서도 교육적인 해석과 처방이 설득력 있게 펼쳐진다.

　10대 청소년 문제는 사랑과 신뢰를 바탕으로 한 인간관계의 기반 위에서 풀어가야 하고, 언제나 그들 앞에 펼쳐질 긍정적 미래에 대한 기대를 가지도록 풀어가야 한다. 저자의 풍부한 부모 교육 경험이 부모들의 멘토가 되기에 모자람이 없으며, 그 부모들이 자녀에 대한 멘토가 되도록 이끌어 주는 데 부족함이 없어 보인다. 이 책이 그 증거다.

문용린(서울대 교육학과 교수)

차례

추천글_ 부모 노릇만큼 어려운 일이 또 있을까? | 3
머리글_ 자녀와 함께 성장하는 부모가 되자 | 7

1 자녀와 신뢰를 쌓는다

자녀 양육은 사랑하고 가르치는 것이다 | 13

털어놓기만 해도 상처는 치유된다 | 26

부모의 말을 줄여야 말하는 아이가 된다 | 37

아이에게 부모의 상처를 대물림하지 않는다 | 48

2 자녀의 좋은 습관을 길러준다

성공 경험을 쌓도록 도와준다 | 61

행동을 조절하도록 도와준다 | 69

시간관리 능력을 키운다 | 76

아이와의 연결성을 가지고 통제한다 | 86

3 자녀의 자율성을 길러준다

건강한 자아상을 형성하도록 도와준다 | 101

사회성을 길러준다 | 109

사랑은 강요하지 않는다 | 119

바른 성 문화를 갖도록 도와준다 | 129

행복한 아이가 세상을 변화시킨다 | 140

4 신앙 안에서 자녀를 사랑하자

자녀에게 신앙의 씨앗을 심어주자 | 151

자녀를 놓아준다 | 161

자녀를 사랑하고 또 사랑하자 | 168

글을 마치며_ 행복한 부모가 행복한 아이로 키운다 | 174

머리글

자녀와 함께 성장하는 부모가 되자

부모는 자녀 양육에 고민이 많다. 아이가 어릴 때는 조금만 자라면 고민에서 해방될 것 같지만, 자녀가 성장할수록 고민도 늘어나고 대처 방법을 모르면 더욱 당황스럽다.

부모교육 프로그램 시간에 돌을 갓 지난 아이 엄마가, 아이가 잘 먹지 않고 밤에 잠을 자지 않는다고 고민을 털어놓자 유치원에 다니는 아이 엄마가 그건 아무것도 아니라며 조금만 더 키워 보라고 말하면서 자기 아이는 사회성이 부족해 유치원에서 또래 아이들과 잘 지내지 못하고 규칙을 지키지 않아 고민이 많다고 걱정한다. 학령기 자녀를 둔 부모는 아이가 공부에 흥미를 보이지 않고 스스로 할 일을 못한다며 답답해한다. 사춘기 자녀를 둔 부모는 고민이 더욱 많다. 부모 말을 무시하고 자기 멋대로 행동하거나 이성 친구·진로 문제 등으로 부모와 갈등을 일으키는 일이 많다. 그렇다고 자녀가 사춘기를 지나면 문제가 없는 것일까? 대학진학·직업·결혼 등 해결할 문제는 더욱 늘어난다.

부모는 자녀한테서 자유로울 수 없다. 끊임없이 자녀가 성장하기 때문이다. 그런데 부모가 한자리에 머물러 지난 방식을 답습한다면 자녀가 성장하는 데 아무런 도움이 안 된다. 좋은 부모가 되려면 자녀의 성장단계에 맞추어 부모 역할도 변해야 한다.

아이가 어릴 때는 양육자인 부모가 육체와 정서가 건강한 아이로 자라도록 도와주어야 한다. 그리고 초등학생이 되면 부모는 격려자 역할을 하고 작은 성취를 이룰 때 긍정적으로 바라보고 응원한다. 아이가 실패를 이겨내도록 지지자가 되고 좋은 습관을 기르도록 많은 관심을 가져야 한다. 또 자녀가 사춘기에 접어들면 부모는 한 발짝 물러나 아이의 생활을 간섭하거나 통제하지 않으면서 힘들어 하거나 고민이 있을 때 잘 들어주는 상담자 역할을 해야 한다.

이렇게 아이가 지속적으로 발달하는 동안 부모도 변화·성장하면서 아이의 눈높이에 맞는 적절한 도움을 줄 때 아이는 한 인간으로 성숙해 간다. 그러려면 부모가 스스로 건강한 부모상에 대한 표상을 지니고 있어야 하며 부모 역할에 대한 자신감을 가져야 한다.

이 책은 부모교육을 진행하면서 부모들이 자녀 양육에 어려움을 느끼는 것을 함께 나누고 초등학교와 사춘기 자녀 문제를 상담한 내용을 토대로, 이 시기 자녀 양육에서 중요하다고 생각하는 점을 선별해 묶었다.

부모는 자녀에게 많은 바람을 가지고 있다. 더군다나 부모라면 누구나 아이가 행복하기를 바랄 것이다. 자녀가 자신의 삶을 소중히 여기며 사회에 필요한 사람이 되어 세상을 좀 더 살 만한 곳으로 만들어 간다면 부모로서 자녀를 잘 길렀다 할 수 있을 것이다.

아이가 행복한 사람으로 성장하려면 먼저 주양육자인 부모가 아이와 든든한 신뢰관계를 형성해야 한다. 부모와 좋은 신뢰관계를 바탕으로 아이는 긍정적인 사람으로 성장하고 좀 더 다양한 사회적 관계를 만들어 나갈 수 있다.

제2의 천성이라는 습관이 운명을 바꾼다는 말처럼 부모가 좋은 습관을 기르도록 도와준다면 아이는 습관을 토대로 자신의 삶을 개척해 나갈 것이다.

자녀교육의 최종 목적은 아이가 자율적인 사람이 되도록 도와주는 것이다. 스스로 조절하고 통제하며, 자신의 꿈을 발견하고 그 꿈을 이루기 위해 끊임없이 노력하는 힘을 길러주어야 한다. 자율성의 뿌리가 단단할수록 아이는 주도적으로 살아갈 것이다.

또한 부모는 자녀에게 신앙의 무한한 정서적 공급원이 되어야 한다. 조건적 사랑이 아니라 자녀의 잠재력을 끌어올리는 마중물이 되어 자녀를 조건 없이 사랑해야 한다. 자녀와 함께 성장하는 부모는 자녀의 정서적 동반자가 되고 자녀는 부모한테서 힘과 위안을 얻는다.

이 책을 읽는 부모들이 부모 역할에 자신감을 가지고 자녀 양육을 하면서 겪는 고민이나 갈등을 해결하여 인생 길잡이로서 자신 있게 자녀를 키워 나가기를 바란다. 성인이 된 자녀가 부모를 어떻게 기억하기를 바라며 자녀가 어떤 부모가 되기를 바라는가? 이 책을 통해 부모님들이 그 대답에 대한 방향을 설정하기를 희망한다.

1 자녀와 신뢰를 쌓는다

자녀 양육은
사랑하고 가르치는 것이다

저희 아이가 올해 초등학교에 입학합니다. 학부형이 된다는 기쁨도 크지만 아이의 학교생활을 어떻게 지도해야 할지 걱정이 많습니다. 학교에 잘 적응하고, 친구도 잘 사귀며 공부도 잘하는 아이로 키우고 싶은데 어떻게 해야 할지 방법을 모르겠습니다. 구체적인 방법을 알려주시기 바랍니다.

먼저 자녀의 입학을 앞둔 부모님들께 축하를 드린다. 부모라면 누구나 아이의 학교 입학에 대한 기쁨도 크지만 걱정 또한 많으리라고 생각한다. '학교생활을 잘할 수 있을까?', '선생님께 사랑받을 수 있을까?', '공부는 잘해야 할 텐데…' 하며 아이를 바라보는 부모 마음은 걱정이 많다. 아이가 처음으로 학교라는 집단생활을 시작하면서 긍정적 경험을 쌓고 학업 기초를 쌓는 중요한 시기에 엄마가 무엇을 어떻게 해야 하는지 차근차근 익힌다면 시행착오를 줄여 아이를 잘 도와주는 부모가 될 수 있다.

먼저 초등학교 시기 자녀 양육에서 중요한 것은 자녀와 신뢰관계를 쌓고 좋은 생활습관을 기르도록 부모가 적극적으로 노력하는 것이다. 아이와의 신뢰관계는 아이가 앞으로 공부하는 데 밑거름이 된다. 교육학자들은 공부를 잘하기 위한 조건으로 부모와의 좋은 관계가 60퍼센트 이상을 차지한다고 말한다. 부모와 좋은 관계를 맺음으로써 아이는 정서적 안정감을 느끼기 때문이다.

아이가 "공부하기 싫어"라고 말할 때 "너, 공부 싫어하면 나쁜 아이야", "자꾸 그런 말 하면 선생님께 혼내주라고 할 거야."와 같은 말로 아이에게 불안감을 준다면 아이는 학교 가는 것을 두려워하게 될 것이다. 그러나 "혼자 공부하기가 힘들구나. 엄마가 도와줄 테니 조금만 하자."라고 한다면 아이는 엄마에게 위안을 받고 힘을 얻을 것이다.

정서적으로 안정된 아이는 공부할 때 다른 곳에 정신을 빼앗기지 않고 집중할 수 있다. 또한 부모에게 사랑을 충분히 받은 아이는 자존감이 높다. 자존감이 높은 아이는 학교생활을 적극적이고 의욕적으로 한다. 그런 긍정적 자세는 아이에게 작은 일상의 경험에서 '나도 할 수 있다.'는 자신감을 갖게 한다.

자신감을 바탕으로 아이는 작은 경험을 쌓게 되어 '나는 잘할 수 있다.'는 긍정적 예언을 하게 한다. 그것을 자성예언(自成豫言, self-fulfilling prophesy)이라고 한다. 스스로 믿는 힘이 강하기 때문에 아이는 성취감이 강한 사람으로 성장한다. 그러니 아이가 친구나 선생님한테서 사랑받는 사람, 필요한 존재가 되기를 바란다면 먼저 부모와 친밀한 관계를 형성하도록 도와주어야 한다. 아이에게 충분한 관심과 사랑을 주면 아이가 자신을 좋아하고 긍정적으로 생각하도록 도와줄 수 있다. 공부가 부진할 때도 혼내고 다그치기보다 "괜찮아. 지금은 잘 안 되지만 천천히 하면 돼." 하고 격려한다.

학교에서 끙끙거리며 시험문제를 풀던 아이가 혼내는 엄마의 얼굴을 떠올리고는 그만 시험을 망쳤다고 하자. 문제를 어떻게 풀지 고민하기보다 야단칠 엄마를 떠올렸다면 아이는 엄마를 충분히 믿고 있지 않은 것이다. 부모와 아이가 충분한 신뢰관계를 이루지 않았다면 공부를 제대로 하기란 무리다. 공부하라는 말이 아이한테는 자신을 힘들게 하고 혼내는 잔소리로 받아들여져 공부가 더욱 싫어질 수 있기 때문이다.

아이가 시험을 망치고 왔다면 "시험이 어려웠구나. 어떤 게 어려웠는지 엄마랑 다시 해보자. 다음에는 더 잘할 수 있을 거야."라고 용기를 북돋아 준다. 부모가 아이를 긍정적으로 바라보고 아이의 사소한 행동에도 칭찬과 격려를 해줌으로써 자신감을 갖도록 도와주면 아이의 내면에 긍정 자산이 많아져 의욕적으로 바뀌고 도전할 마음이 싹트기 때문이다.

아이를 심리적으로 불안하게 하고 충분한 사랑을 주지 못하면서 공부를 잘하게 할 수는 없다. 난초를 물에 담가놓으면 뿌리가 물을 흠뻑 빨아들여 물을 자주 주지 않아도 잘 자라듯 우리 아이들도 부모의 사랑 속에 흠뻑 잠기게 하자. 부모의 사랑을 흠뻑 들이마신 아이들은 그 사랑을 에너지로 삼아 더 나은 모습으로 성장하려고 노력한다.

놀이터에서 아이들이 싸울 때 내 아이 편만 들지 않았는가? 아이가 행복하게 살아가려면 다른 사람들과 함께 살아갈 사회적 기술과 규칙을 가르쳐야 한다. 아이가 타인에게 좋은 사람, 선한 사람이 되도록 가르치는 것은 빠를수록 좋다. 요즘 아이들은 조기교육 열풍에 휩싸여 학교에 들어가기 전부터 많은 것을 배우지만 사실 중요한 것은 사람들과 더불어 살아갈 능력을 기르는 것이다. 이것이 바로 조기교육의 필요성이다.

어릴 때부터 도덕성을 익히고 다른 사람을 배려하며 규칙을 지키도록 부모가 도와주어야 아이들이 잘 배운다. 초등학교 저학년 때가 부모의 말을 가장 잘 듣는 시기라고 한다. 이 시기를 놓치면 더불어 살아가는 교육을 하기가 무척 힘들다.

아이들이 영어와 수학 등 인지 학습을 먼저 배우는 것보다 공동체 생활을 잘해 나갈 능력을 기르는 것이 먼저다. 뇌가 성숙하고 공부를 받아들일 때가 되면 인지 학습을 시킨다. 공부는 마음을 먹으면 단시간에 따라잡을 수도 있다. 그러나 함께 잘 살아가기 위한 인성과 품성 교육은 시기를 놓치면 그만큼 많은 시간과 노력을 해야 한다. "공부 열심히 해."라는 말만 하지 말고 "친구랑 잘 지내", "좋은 친구가 되어라."고 말하는 부모가 되었으면 한다.

아이들은 커갈수록 또래 집단의 영향을 많이 받는다. 또래 친구 사이에서 인기가 많고 학급에서 필요한 사람이 되는 것은 아이의 자존감 형성에 매우 중요하다. 우리 아이가 학급에 필요한 사람인지, 그렇지 않은 사람인지를 객관적으로 생각할 필요가 있다. 한 초등학교 선생님은 학년이 끝날 때 정말 헤어지고 싶지 않은 아이들이 있는가 하면 다시 만나지 않았으면 하는 아이도 있다고 한다.

학급에 필요한 사람이 되고 생활관리가 잘되어 좋은 습관을 기르는 아이는 선생님과 친구들에게 긍정적 반응을 얻는다. 선생님의 지시를 따르지 않고 공부를 방해하거나 친구와 문제를 일으키는 아이는 학교에서 좋은 사람이 되기 어렵다. 학교를 좋아하고 자신감 있는 아이가 되려면 무엇이 먼저인지부터 점검하자. 아이의 눈높이에 맞지 않는 공부를 강요하기 전에 좋은 생활습관을 기르게 하는 것이 자녀를 잘 기르는 것이다.

습관은 하루아침에 만들어지지 않으며 한번 만들어진 습관은 쉽게 고칠 수 없다. 아이가 나쁜 습관에 끌려 다니지 않게 하려면 부모가 함께 훈련하고 도와주어야 한다. 반복된 행동이 습관을 만든다. 그러니 하루 이틀 하다가 안 되면 포기하지 말고 일관되게 꾸준히 훈련해야 한다. 중요한 것은 초등학교 저학년 시기는 공부를 많이 해서 친구들보다 앞서는 것이 아니다.

생활관리가 안 되는 아이들이 공부를 잘하기는 어렵다. 정해진 시간에 일어나기 · 잠자기 · 숙제하기 · 학교 준비물 챙기기 등 기본적인 생활습관이 잘 들어야 공부도 잘할 수 있다. 요즘 아이들은 학교가 끝나면 여기저기 배우러 다니느라 바쁘다. 그런데 생활습관이 흐트러지게 되면 자기관리 능력을 키울 수 없다.

학교와 학원과 집이라는 단조로운 생활에 길들여진 아이들은 시간을 어떻게 활용하는지 몰라 그냥 허비해 버린다.

다른 나라 아이들에 비해 우리나라 아이들의 두뇌가 월등히 우수하다. 그러나 지적 능력이 우수하다고 해서 교육 경쟁력이 높은 것은 아니다. 외국 아이들과 확연한 차이점은 우리 아이들의 시간관리 능력이 뒤떨어진다는 것이다. 꽉 짜인 틀에 갇혀 지낸 습관 때문에 대학에 들어간 뒤에는 시간관리가 안 되는 것이다.

시간관리 능력이 그 사람의 능력이라는 말처럼 시간을 잘 관리하는 사람이 자신을 잘 관리할 수 있다. 그러니 저학년 아이들을 꽉 짜인 틀에 가두거나 바쁘게 만들지 않도록 해야 한다. 무엇이든 저절로 잘하는 것은 없으므로 부모가 옆에서 적극적으로 도와 좋은 생활습관을 만들어 가도록 한다. 좋은 생활습관이 자기관리 능력으로 발전하고 자기관리가 잘되는 아이가 스스로 공부하는 주도적 학습자가 된다.

저학년 때는 공부 태도와 습관을 만드는 시기이므로 아이의 수준에 맞게 정해진 시간에 일정한 양을 날마다 조금씩 하게 하자. 아이가 "엄마, 공부가 너무 힘들어요."라고 말할 때 "남들 다 하는데 너만 안 하면 어떡하니? 이 정도는 힘들어도 해야 돼." 하고 밀어붙인다면 공부를 즐겁게 받아들이기 어렵다. "어떤 게

힘드니? 네가 할 수 있는 만큼만 하자."라고 말해 자기 능력만큼 해내는 기쁨을 쌓아가야 한다.

　엄마의 도움으로 공부를 조금씩 해나가는 사이에 아이는 공부가 좋아지고 자신감도 생긴다. 공부를 열심히, 많이 하기보다 공부를 좋아하도록 도와주는 것이 좋다. 좋아하면 몰입하고 집중해서 공부할 수 있다. 저학년 때 공부 습관이 고학년, 중·고등학생이 되어 주도적 학습을 해나가는 데 밑거름이 된다.

　요즘 '알파맘과 베타맘'이라는 말을 자주 듣게 된다. 알파맘은 자녀의 교육 방법에 효율성을 강조하며 온오프라인이 제공하는 풍부한 정보를 바탕으로 자녀의 미래를 설계하는 엄마를 일컫는다. 엄마의 정보력이 아이의 미래 경쟁력이 되는 것이다.

　이와 반대로 베타맘은 아이에게 자율성을 부여해 자녀 스스로 선택하게 한다. 아이의 미래를 스스로 선택하도록 하고, 다양한 사고력과 창의력, 판단력을 기르도록 자율성을 키우고 격려한다. 엄마들은 알파맘과 베타맘 사이를 오가며 고민에 빠진다. 아이의 인생 로드맵을 짜주는 능력 있는 엄마가 되고 싶어 아이에게 이것저것 시키다가도 아이가 스스로 하도록 내버려 두는 것이 낫지 않을까 갈등한다.

　이런 고민에 앞서 부모는 먼저 아이가 발달이 잘 이루어졌는지 면밀히 객관적으로 바라보아야 한다. 옆집 아이가 어려운 책을 읽는다고 우리 아이가 뒤떨어진 것은 아닌가 하는 조바심을 버리자. 눈높이에 맞지 않는 공부는 아이에게 좌절감과 공부에 대한 흥미를 떨어뜨리는 원인이 된다.

아이의 발달단계에 맞는 생활환경과 학습환경을 만들어 할 수 있는 만큼 날마다 생활관리를 하도록 힘쓴다면 굳이 엄마가 아이의 미래 인생을 설계하지 않아도 스스로 세상을 열어갈 것이다.

엄마를 '악마'라고 부르는 아이가 있었다. 엄마가 아이의 학습매니저 역할을 하며 쉴 틈도 주지 않고 공부시킨 것이 원인이었다. 이 엄마는 아이가 저학년 때는 공부를 시키지 않고 실컷 놀게 했다고 한다. 학년이 올라가면 어차피 공부를 해야 하니 저학년 때는 놀게 하고 싶었다는 것이다.

그런데 학년이 올라가고 공부가 어려워지면서 아이는 공부를 하지 않았다고 한다. 공부하는 습관이 몸에 붙지 않아 책상 앞에 앉아 있는 것도 힘들어 했다. 공부가 마음먹은 대로 된다면 얼마나 좋겠는가? 아이가 할 수 있는 양을 날마다 정해 꾸준히 실천하는 것이 중요하다.

사랑하고 가르치는 데 균형을 잡는다

자녀를 양육한다는 것은 '기르고 가르친다.'는 뜻이다. 부모는 아이를 사랑으로 기르고 아이는 부모의 사랑을 먹고 자란다. 부모의 사랑을 받아 아이는 안정감을 느끼고 행복한 아이로 자라기 때문이다. 그런데 무조건 사랑하는 것은 자기중심적 아이로 만든다. 아이가 잘못했을 때는 엄격하고 단호한 태도로 행동을 바로잡고 가르쳐야 한다.

아이가 친구 물건을 몰래 가져왔다면 어떻게 반응할 것인가? "아이들이 그럴 수도 있지." 하고 무심코 지나치거나 "너, 도둑 되려고 그러니? 경찰서에 신고해야겠다." 하고 엄포를 놓아 아이를 혼내거나 할 것이다.

가르치는 것을 혼내고 나무라는 것으로 착각하는 부모가 있는데 부모의 지나친 통제는 아이를 소극적으로 만든다. 무엇보다 아이를 가르칠 때는 사랑이 밑바탕에 깔려 있어야 한다. 아이에게 옳고 그른 것을 가르칠 때 먼저 아이를 이해하고 사랑한다면 부모의 말을 거부하고 반항하지 않을 것이다.

아이가 친구 물건을 가져왔을 때 모른 척해서도 안 되지만 도둑 취급해 따끔하게 혼내는 것도 위험하다. 아이가 친구 물건이 갖고 싶어서 그랬다면 그 마음을 인정해 주는 것이 사랑하는 태도다.

그런 다음 남의 물건을 허락 없이 가져오면 안 된다는 것을 알려준다. "친구 물건이 갖고 싶었구나. 그런데 남의 물건은 허락 없이 가져와서는 안 돼. 친구한테 돌려주고 다음에 엄마랑 사러 가자." 하고 말한다면 아이는 죄책감을 갖지 않고 부모의 가르침을 잘 배울 수 있을 것이다.

아이를 '사랑하고 가르치는' 균형을 잡기란 쉽지 않다. 이를 균형 있게 실천하는 부모는 아이에게 주도성과 자발성, 적극성 등을 심어줄 수 있다. 부모라면 '사랑하고 가르치는' 것 가운데 어느 것도 포기할 수 없다. 자녀에 대한 지극한 사랑을 통해 아이가 세상을 살아가는 사회적 기술과 자기관리 능력을 키우도록 도와주어야 한다.

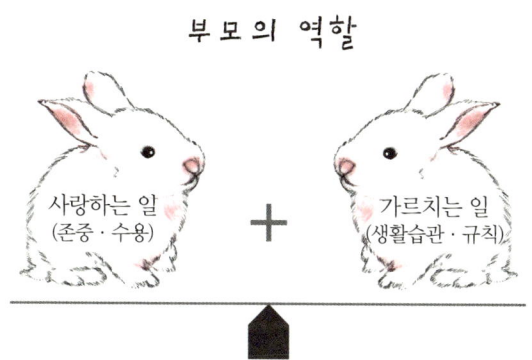

부모의 역할

사랑하는 일
(존중·수용)
+
가르치는 일
(생활습관·규칙)

두 마리 토끼를 잡아야 한다!

유능한 교사는 아이들을 무조건 가르치지 않는다. 아이들과 충분히 소통하고 친해지기 위해 코드를 맞춘다. 그러면 아이들은 선생님을 따르고 좋아하며 친밀감을 쌓는다. 선생님은 정서적 신뢰를 바탕으로 아이들을 가르치고 아이들은 선생님의 가르침이 자신한테 도움이 되기에 선생님에게 인정받기 위해 열심히 배울 것이다.

학년이 바뀔 때 아이들이 어떤 선생님을 만나기를 바라는가? 바로 사랑이 많은 선생님, 아이들 눈높이에 맞추고 때리거나 야단치지 않으면서 잘 가르치는 선생님을 바랄 것이다. 그런 선생님한테서 아이들은 안정감을 얻어 학교가 좋아지고 공부도 잘하고 행복한 학교생활을 경험할 것이다.

그런데 아이의 평생 교사는 부모다. 학교 선생님은 1년 후면 바뀌지만 부모는 아이들이 선택할 수 없는, 영원히 함께해야 하는 존재다. 그렇다면 부모는 아이들이 좋아하는 선생님 모습을 닮으려고 노력해야 하지 않겠는가?

외부 교육 효과가 형광등 효과라면 부모한테서 배우는 것은 태양 효과라고 한다. 태양이 사라지면 지구의 모든 생명체는 생존할 수 없다. 그만큼 태양빛은 생명을 살리는 데 없어서는 안 될 에너지다. 태양과 같은 부모의 에너지로 아이가 잘 성장하도록 도와주어야 한다.

  부모한테서 사랑과 가르침의 균형을 배운 아이들은 학교생활을 잘하고 선생님이나 또래 친구들한테서 인정받는 아이가 된다. 그럼으로써 아이는 행복한 학교생활을 해나갈 것이다.

털어놓기만 해도 상처는 치유된다

저희 아이는 올해 중학교 3학년이 되었습니다. 지난해부터 집에 돌아오면 말수가 적어지더니 올해는 거의 한마디도 하지 않습니다. 학교에서 돌아오면 밖에 나가지 않고 방 안에만 틀어박혀 지냅니다. 제가 주말에 "밖에 나가서 영화 볼까?"라고 해도 귀찮다면서 시큰둥하게 반응합니다. 낮에도 커튼을 쳐놓고 방문을 걸어 잠급니다. 다정하게 말을 건네면 아이는 쳐다보지도 않고 "언제 나한테 관심이나 있었어?" 하고 퉁명스럽게 대꾸합니다. 방 안에만 틀어박혀 지내는 아이를 보면 답답하고 속이 상해서 미칠 지경입니다. 어떻게 하면 아이가 방을 나와 이야기할 수 있을까요?

사춘기에 접어든 자녀 때문에 마음이 편치 않은 엄마 심정을 느낄 수 있다. 자기 안에 갇혀 지내며 가족과 소통을 단절해 버린 아이가 무슨 생각을 하는지, 밖에서 누구를 만나고 어떤 일이 있는지 알 수 없어 답답하다.

또 공부를 열심히 해야 할 때 공부에 대한 목표도 없고 무기력하게 지내는 모습을 보면 걱정이 많을 것이다. 지금 하는 공부가 이후 학업에 많은 영향을 줄 수 있으므로 아이가 착실하게 실력을 쌓기를 바라는 것은 부모로서 당연한 소망이기도 하다.

아마도 이 엄마는 아이가 솔직하게 자기 생각을 말하고 알아서 공부하기를 바랄 것이다. 이 두 가지 문제가 해결된다면 걱정을 덜게 될 것이다.

먼저 아이와 소통하기를 바란다면 아이가 하는 말을 사제가 고해를 듣듯 판단하지 않고 듣는 것이 중요하다. 우리가 자신의 잘못과 죄를 고백할 때도 설령 살인자가 죄를 고백해도 사제는 비난하지 않고 들어주고 보속을 준다. 속마음을 털어놓고 나면 한결 마음이 편안해지고 무거운 짐을 벗어버린 것처럼 홀가분하듯, 아이의 닫힌 마음을 열려면 사제가 고해를 듣는 마음으로 들어야 한다.

아이는 15,16년간 엄마와 이야기하기 위해 많은 시도를 했을 것이다. 그 노력은 말 못하는 갓난아기 때부터 시작된다. 아기는 말할 수는 없지만 울음·몸짓·표정 등으로 엄마에게 자신의 메시지를 전달한다.

이때 엄마는 어떻게 반응하는가? 민감한 엄마들은 아기의 울음에 담긴 의미를 곧바로 알아차리고 반응한다. 기저귀가 젖었는지, 배가 고픈지, 잠이 오는지 알아차리고 엄마는 아이의 욕구를 해결해 준다.

젖을 먹일 때도 엄마는 눈빛과 표정으로 아이에게 사랑의 메시지를 보낸다. 아이는 엄마의 표정을 보고 '엄마가 나를 사랑하니까 난 안전해.'라고 느낀다. 비록 말은 못해도 엄마와 정서적 교감을 이루고 자라면서 소통이 잘 되는 것은 엄마가 아이의 감정에 잘 반응하기 때문이다.

부모는 아이가 자라면서 하지 말아야 할 행동과 규칙을 가르친다. 부모뿐 아니라 여러 집단과 어울려 살아야 하기에 바라지 않아도 지키고 따라야 할 규칙이 있게 마련이다. 그래서 아이들이 어떤 행동을 할 때, 예를 들어 찻길에 뛰어들거나 친구를 때리거나 떼를 쓰면 부모는 아이의 행동을 제지하고 통제한다.

부모가 아이의 행동을 제지할 때 어떤 태도를 취했는지 돌아보자. 통제 방식이 지나치게 엄격했다면 아이는 자신의 욕구가 좌절되는 경험을 했을 것이다. 아이의 욕구를 읽어주기보다 바른 행동을 가르쳐야 한다는 의무감에 지나치게 도덕성을 강조했다면 아이는 부모한테 충분히 이해받지 못했다고 느낄 것이다.

어릴 때부터 엄마 말을 잘 따른 아이라면 지금의 태도는 더욱 당황스러울 것이다. 지금까지와는 다른 아이의 행동을 받아들이기가 힘들기 때문이다. 사람은 누구나 인정받고 싶은 욕구가 있다. 특히 중요한 사람에게 인정받는 것은 생존과 관련이 있다.

아이에게 중요한 사람은 엄마다. 엄마한테 충분히 인정받아야 맛있는 음식과 장난감을 얻을 수 있다고 생각하기에 엄마보다 힘이 약한 어린 시절에는 엄마의 인정과 허락을 받기 위해 부모의 지시를 따른다.

13세 무렵이 되면 부모보다 자신이 더 강하다고 느낀다. 아이들은 사춘기가 되면서 체격이 커지고 사고력도 발달해 부모가 하는 말이 모두 옳은 것은 아니라는 것을 알게 된다. 그래서 부모를 무시하고 대들며 냉소적 반응을 보이기도 한다.

부모가 아이의 성장과 발달을 받아들이지 못하고 자신의 틀에 묶어두려 하면 아이는 점점 더 강하게 반항하거나 무기력해진다.

또한 부모가 물리적 힘으로 아이를 제압할 수 없게 되고 생각하는 힘도 부족해 아이의 비판적인 말에 적절하게 대응하지 못하면 부모로서 열등감을 느끼거나 낭패를 경험하기도 한다.

아이와의 관계를 아예 포기해 버리거나 억지를 부려서라도 자신의 틀대로 끌고 가려 한다면 부모의 권위는 바닥으로 추락하게 될 것이다. 그러나 부모는 자녀를 포기할 수 없다. 부모라면 아이를 건강한 사람으로 길러 자신을 실현하며 살도록 도와줄 의무가 있다. 이것이 부모의 숙명인데 어떻게 자식을 포기하겠는가?

부모교육에 참여한 한 엄마는 중학생이 된 아이가 "생각하면서 말 좀 하세요."라는 말에 충격을 받았다고 했다. 부모 말은 듣지 않아도 뻔한 잔소리라는 생각에 이런 말을 했을 것이다. 어떤 엄마는 초등학교 때까지 부모의 계획대로 아이를 열심히 끌고 왔는데 중학생이 되자 엄마 말을 듣지 않는다면서 "나는 아이를 포기했어요."라고 했다.

아이가 사춘기를 겪는 시기는 엄마의 인생 주기에서 갱년기가 찾아오는 때다. 몸 상태가 예전 같지 않아 힘든데 아이마저 속상하게 하니 마음 둘 곳이 없다. 무척 힘든 시기지만 위기를 극복할 수 있다. 지금까지 아이와 만들어 온 관계를 점검하고 다시 방향을 설정하면 얼마든지 좋아질 수 있다. 아이가 사춘기 터널을 빠져나오면 부모와 친밀한 관계로 발전하는 경우가 많다. 또

부쩍 자란 아이는 부모에게 도움을 주는 멋진 사람으로 성장하게 된다.

제2의 이유기인 사춘기는 신체적으로나 정서적으로 급격한 성장이 이루어지는 시기이므로 부모가 소통 방법을 바꾸면 많은 변화를 가져온다.

먼저 부모는 아이가 다가와 어떤 말을 해도 비판 없이 들어야 한다. '이렇게 해야 해.'라고 생각하는 부모는 아이의 말을 판단하지 않고 듣는 것이 쉽지 않겠지만 아이와 단절되지 않고 마음을 나누려면 당위적 생각을 내려놓는 것이 가장 중요하다.

아이와 대화할 때 80퍼센트는 듣고 20퍼센트만 말하겠다고 다짐한다. 만일 아이와 이야기할 때 부모의 일방적 훈계와 설득으로 대화가 진행된다면 아이들은 당연히 부모와 대화하는 걸 피할 것이다.

늘 '똑똑하고 옳은 말만 하는' 사람이 주변에 있는가? 그 사람을 보면 어떤 기분이 드는가? 저 사람하고 친하고 싶다, 가까이 다가가고 싶다기보다 가까이하기엔 너무 먼 당신처럼 느끼지 않는가? 옳은 것만 강조하고 가르치려 든다면 비호감으로 느껴져 마주하기보다 피하고 싶은 생각이 들 것이다. 아이들도 마찬가지다. 함께 사는 사람이 매사 의무만 강조하고 옳은 것을 지시하고 가르치려 한다면 얼마나 답답하겠는가? 빨리 벗어나고 싶다는 생각밖에 들지 않을 것이다.

한 엄마는 아이들에게 절대로 실수하거나 부족한 모습을 보이지 않으려고 애써 왔다고 한다. 그 과정이 얼마나 힘들었을까? 부모가 자신의 부족함을 용납하지 못하면 아이한테도 똑같이 요구하는데 완벽주의 부모 밑에서 자라는 아이들은 얼마나 숨이 막히겠는가.

이제는 권위적인 부모가 아니라 자녀와 친밀감을 나누는 부모가 되어야 한다. 자녀의 말을 들어주어 소통이 잘되면 오히려 부모의 권위는 자연스럽게 받아들여질 것이다. 내 말을 잘 들어주고 격려해 주는 사람이 있다면 얼마나 힘이 나겠는가?

사춘기 아이들은 없는 고민도 만들어서 할 만큼 다양한 고민을 안고 있다. 그 많은 고민을 들어줄 사람이 있다면 아이들은 비뚤어지지 않을 것이다. 특히 그 사람이 가장 가까이에 있는 엄마라면 더욱 좋다. 그러니 이제부터 아이가 말할 때 먼저 들으려고 노력하자.

이때도 아이 마음을 읽으며 듣는다. 엄마가 아니라 아이의 눈높이에 맞추어 아이의 감정을 느끼는 것이 바로 공감이다. 사람은 누구나 스트레스와 고민을 안고 있다. 그것을 적절하게 해소하지 못하면 마음에 쌓여 병이 된다. 고민을 털어놓는 것만으로도 치유가 시작된다. 아이들이 고민을 털어놓고 싶은데 끼어들어 판단하고 비판한다면 아이들의 답답한 마음은 치유될 수 없다.

중학생인 우리 아이는 외모에 부쩍 관심이 많다. 틈만 나면 거울을 들여다보고 고민을 한다. 어떤 때는 자신이 너무 못나 보이

고 볼품없다고 생각하는지 엄마인 나에게 자신의 외모에 대해 불평을 털어놓는다. 김태희처럼 예쁘지 않은 자신이 불만스럽고 쭉쭉빵빵한 연예인을 보면서 부러워한다.

하루는 종일 자신의 외모에 대해 이러쿵저러쿵 불만을 털어놓기에 "엄마가 어떻게 해주면 좋겠니?" 하고 물었더니 아이는 "그냥 들어주기만 해."라고 했다. 나는 속으로 '아하!' 했다. 아이는 부글부글 끓고 있는 자신의 마음을 들어줄 사람이 필요했던 것이다. "너도 그 정도면 괜찮아", "앞으로 너도 더 예뻐질 거야."라는 위안의 말보다 "그랬구나."라고 자기 마음을 알아주는 것이 필요했던 것이다.

나는 아이와 이야기를 많이 하는 편이다. 주로 아이가 말하면 나는 끄덕이고 맞장구치며 "그랬구나." 하는 정도다. 날마다 30분 정도는 아이와 이야기하는 시간을 따로 떼어놓으려고 노력한다. 주로 잠자기 전에 하는데 이야기가 길어지면 새벽 1시를 훌쩍 넘기기도 한다. 물론 아이들은 충분히 자는 것이 중요하다. 잠이 부족하면 집중력이 흐려지고 공격적으로 변하기 때문이다. 그런데 어떤 날은 아이가 잠이 좀 부족해도 실컷 이야기하도록 흐름을 끊지 않는다. 아이가 혼자 감당하기 힘든 고민이나 스트레스, 마음이 울적할 때는 잠을 자는 것보다 마음을 편안하게 하는 것이 더 중요하기 때문이다.

그때그때 엄마가 아이 상태를 민감하게 파악하는 부모는 아이한테서 물러나야 할 때와 함께 있어야 할 때를 알아차린다. 수험생 딸을 둔 한 엄마는 딸과 사이가 나빠 하루도 마음 편히 지낼 수 없었다고 한다. 그래서 하루는 아이가 하는 말을 비판 없이 들어주었다고 한다. 그랬더니 아이가 다가와 이야기하기 시작했고 때로는 밤잠을 설칠 만큼 많은 이야기를 나누었다. 아이의 고민을 함께 나누는 동안 모녀 사이는 더욱 가까워졌고 공부에 대한 의욕도 생겼다.

나는 그것을 아이와 함께 춤추는 것에 비유한다. 함께 춤출 때 서로 부딪치지 않고 스텝이 꼬이지 않으려면 밀고 당기며 상대방과 호흡을 잘 맞추어야 한다. 서로 호흡이 맞지 않으면 춤추는 것이 재미없다.

'아이와 함께 즐겁게 춤을 추자.'

그러려면 부모가 민감성을 길러 자녀의 마음 상태를 잘 알아차려야 한다. 우리 아이는 때때로 "엄마랑 얘기하면 생각하지 않던 것도 다 얘기하게 돼. 얘기가 끝이 없어."라고 말한다. 그런 말을 들으면 기분이 좋다. 아이에게 자신의 마음을 털어놓을 수 있는 편한 사람이라는 것을 확인받는 기분이다. 늘 그런 것은 아니지만 나도 아이의 말을 잘 들어주지 못할 때도 있고 화를 낼 때도 있다. 그러나 화를 내는 빈도수가 많아서는 안 된다.

아이들은 자신의 말을 판단도 충고도 하지 않고 그냥 들어주기를 바란다. 부모가 자녀의 말을 온전히 들어준다면 아이들은 생각을 정리하고 스스로 문제를 해결할 힘을 얻는다. 만일 아이가 "죽고 싶어." 하면 "죽고 싶을 만큼 그렇게 힘들구나."라고 하면 어떨까? 그러면 아이는 고갈된 마음에 에너지를 얻게 될 것이다. "공부하기 싫어." 하면 "공부하느라 애쓴다." 하면 좋겠다. 그러면 아이는 공부에 대한 의욕이 생길 테니까. 자녀의 마음에 초점을 맞추어 공감하면 아이는 부모에게 지지받는 느낌이 들 것이다. 부모의 지지는 자녀에게 내적 힘이 된다. 마음읽기를 통해 부모와 자녀 사이에 충분한 신뢰가 쌓여야 공부 이야기, 진로 이야기도 나눌 수 있게 된다.

부모의 말을 줄여야 말하는 아이가 된다

초등학교 6학년인 제 아들은 이유도 없이 신경질과 짜증을 부립니다. 제가 조금만 말을 길게 하면 잔소리로 생각해 들으려 하지 않습니다. 집에 오면 별로 말도 하지 않고 저를 피하는 것 같습니다. 학교가 끝나면 곧바로 집으로 오지 않고 친구와 시간을 보내다 들어옵니다. 집보다 친구가 더 좋다고 말합니다. 어떻게 하면 아이와 마음을 열고 이야기할 수 있을까요?

비판적 태도를 자제한다

부모는 아이를 가르치기 위해 이것저것 하고 싶은 말이 많다. 그런데 아이가 부모의 말을 도움이 되는 가르침이 아니라 잔소리로 받아들인다면 부모가 하는 말은 공허한 에너지 낭비가 되고 부모는 자녀와 소통하는 것이 힘들어진다.

아이들이 부모 말을 들으려 하지 않는 것은 부모가 자녀에 대해 비판적이고 부정적인 시각으로 대화하기 때문이다. 대화는 '대놓고 화내는 것'이라는 우스갯소리가 있듯이 대화를 하다 보면 언성을 높이고 감정이 상할 때가 많다. 자녀와 대화하는 것은 부모 뜻대로 설득하거나 조종하는 것이 아니다. 부모가 대화한다면서 훈계와 충고를 하면 아이들은 대화를 피하게 된다.

대화는 "네 마음이 그렇구나, 엄마 아빠 마음은 이렇거든." 하면서 서로의 마음을 나누고 이해하는 것이다. 비판적 생각이나 부모의 판단을 내려놓고 아이 마음을 들어주고 부모 마음을 전하는 것이다. 부모가 아이를 가르치려는 마음이 앞서면 대화는 부모의 일방적 훈계가 되기 쉽다.

사람의 귀는 두 개고 입은 하나다. 입은 먹고 말하는 두 가지 일을 하고 귀는 듣는 일만 한다. 그래서 그 비율이 4대 1이다. 왜 조물주는 귀를 더 많이 만들었을까? 잘 듣게 하기 위해서다. 잘 들어야 상대방 마음을 이해하고 내 말도 더 잘 할 수 있다.

앞에서 자녀의 말을 공감하고 잘 들어주는 것에 대해 알아보았다. 자녀가 부모를 피하거나 말하지 않는 것은 부모와 대화하는 것이 불편하기 때문이다. 자신이 충분히 이해받지 못한다고 느끼거나 자기 욕구가 훼손되기 때문이다. 아무리 친한 사이도 상대방의 욕구를 훼손할 권리는 없다. 친밀함이 상처의 온상이라는 말은 그만큼 친밀하기 때문에 마음의 상처가 깊어진다는 의미가 아닐까?

부모 자식 사이는 심리적으로 무척 가깝다. 그래서 자녀의 욕구를 무시하고 부모의 뜻대로 끌고 가는 경향이 있는데 이때 아이는 마음에 상처를 받는다. 그런 심리적 상처가 반복되면 부모와 마주하는 것이 싫어지고 부담스럽다.

아이가 부모보다 친구를 더 좋아하는 것은 자신의 욕구를 훼손하지 않고 또 친구와 함께 있으면 즐겁고 기분 좋은 경험을 하기 때문이다. 부모와 함께 있을 때도 긍정적 기분을 경험한다면 부모를 멀리하지 않을 것이다. 부모가 먼저 아이의 말을 충분히 들어주자.

누군가 내 말을 비판 없이 들어주면 그 사람을 친밀하게 느끼고 굳이 요구하지 않아도 마음을 털어놓게 된다. 부모가 편안한 존재가 되어야 아이는 어떤 일이든 이야기할 것이다. 아이들은 친구 문제·성적·학교생활 등 많은 고민을 안고 있어 마음이 무겁고 혼란스러울 때가 많다. 마음속에 흙탕물이 잔뜩 고인 것처럼 혼탁한 것이다.

  자녀의 말을 들어주는 것은 아이 마음에 가득 찬 흙탕물을 깨끗하게 비우는 것이다. 흙탕물을 말끔히 비워야 맑은 물이 들어올 수 있다. 자녀의 상황을 공감하고 귀 기울여 들어주는 것은 자녀의 마음을 혼란스럽게 하는 감정을 해소시킨다. 부모가 공감함으로써 자녀는 들끓던 마음에 안정과 평상심을 찾아 부모 말을 잘 듣게 된다. 부모의 가르침은 맑은 물을 주는 것과 같아 깨끗하게 비워진 마음은 부모 말을 잘 받아들인다.

  자녀와 대화할 때 명심할 것은 부모가 먼저 말하지 않고 많은 말을 하지 않는 것이다. 자녀가 부정적 감정에 사로잡혀 있을 때는 부모 말이 흘러들어 가지 않는다. 흙탕물이 가득 차 있는데 맑은 물이 들어가겠는가. 성급하게 훈계하려는 마음을 내려놓고 자녀 말을 충분히 듣는 마음 자세가 필요하다. 아이 말을 들을 때는 비판적 태도가 아니라 자녀의 처지를 공감하며 들어야 한다.

  한 엄마의 사례를 소개한다. 부모의 기대만큼 열심히 공부하지 않아 성적이 오르지 않는 아이에게 엄마는 열심히 공부하라는 말만 했다. 그런데 중학생이 되면서 엄마를 멀리하고 말도 하지 않았다. 답답해진 엄마가 이야기하려 하면 아이는 더 멀리 도망갔다. 엄마는 아이와 소통을 개선하기 위해 부모교육에 참여했고 교육을 받으면서 지금껏 아이의 처지를 공감하기보다 부모 생각을 일방적으로 강요했음을 깨달았다. 아이에 대한 비판적 생각을 내려놓고 아이를 온전히 공감하기로 마음을 바꾸었다.

 어느 날 딸이 좋아하는 드라마를 볼 때 옆에 나란히 앉아 함께 텔레비전을 보았다. 예전 같으면 쓸데없이 시간 낭비한다며 잔소리를 했을 텐데 그날은 아무 말 없이 아이 옆에 앉아 함께 텔레비전을 본 것이다. 아이는 별 반응이 없었다. 다음 날도 그 다음 날도 딸아이가 텔레비전을 볼 때 옆에 가 앉았다. 3일째 되던 날 딸이 엄마 옆에 바짝 다가오더니 드라마 내용을 이야기했다. 늘 잔소리만 하고 멀게만 생각하던 엄마가 자기가 좋아하는 것을 함께한다는 생각에 마음을 연 것이다. 사이가 좋아지자 공부에 대한 문제도 솔직하게 나눌 수 있었다.

 사춘기 아이들은 부모의 통제를 벗어나기 위해 안간힘을 쓴다. 그런 아이들이 때로는 미울 때도 있지만 아이들이 자신의 행동을 조절하고 분별력을 갖게 하려면 부모가 자녀와 좋은 관계를 유지해야 한다. 무엇보다 아이의 말을 비판 없이 들어주고 공감해 주는 노력이 필요하다.

이야기를 듣는 세가지 단계

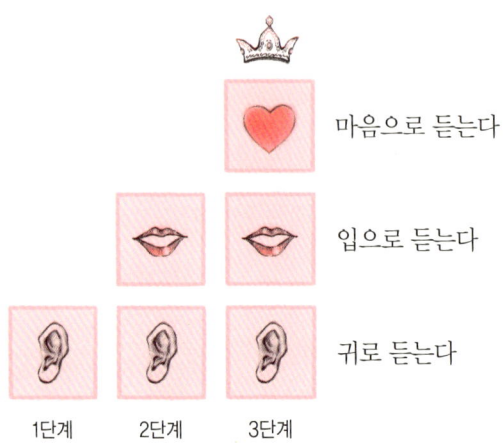

다음은 한 초등학교 선생님이 어릴 적 자신의 잘못을 비판하지 않고 용서해 준 아버지에 대한 이야기다. 초등학교 시절 시골에서 자란 선생님은 어느 날 집이 싫어 가출을 감행했다. 집을 나와 꽤 멀리 떨어진 곳까지 가게 되었는데 해가 지고 어두컴컴해지자 두려움이 몰려왔다. 사방이 산으로 둘러싸여 금방이라도 도깨비가 나올 것 같았다. 오던 길을 되돌아갔지만 어두워서 길을 찾기가 쉽지 않았다. 한참을 울며 걷고 있는데 멀리서 큰 물체가 눈에 들어왔다.

소년은 그만 그 자리에 얼어붙어 버렸고 물체는 천천히 다가

왔다. 그 사람은 아버지였다. 잔뜩 주눅 든 소년에게 말없이 등을 내민 아버지는 소년을 업고 "무서웠지?" 하고 말했다. 소년은 아버지의 등에 엎드려 흐느껴 울었다.

자신의 잘못을 나무라는 대신 무서웠던 마음을 다독여 준 아버지에 대한 느낌은 한없는 감사로 오랫동안 기억되었다. 그 후 소년은 선생님이 되었고 아이들이 힘들어 하거나 미워질 때는 늘 자신에게 등을 내밀어 준 아버지를 떠올리며 제자들을 사랑으로 가르치려고 노력한다고 한다.

우리도 자녀의 잘못을 비판하고 벌주기보다 용서하고 받아들인다면 자녀는 부모의 사랑을 통해 이웃을 더 잘 이해하고 사랑할 힘을 얻을 것이다.

4단계로 표현한다

관찰한 것을 말한다

아이에게 말할 때는 먼저 관찰한 사실만 말한다. 학교에서 늦게 돌아왔을 때 "왜 이렇게 늦었어?"라고 말하면 아이는 부모가 자신을 비난한다고 생각한다. 그래서 방어적 태도를 취하거나 변명을 하며 둘러댄다. 비난하는 대신 객관적으로 관찰한 사실을 이야기한다.

부모가 "지금 5시 30분이야."라고 말하면 아이는 자신을 추궁하거나 비난한다고 여기지 않기에 늦게 돌아온 이유를 솔직하게 말한다.

텔레비전을 보는 아이에게 "이제 그만 봐라." 하고 말하는 대신 "텔레비전을 본 지 한 시간이 지났어."라고 말한다. 일요일 아침 늦잠 자는 아이에게 "넌 왜 이렇게 게으르니?"라고 말하는 대신 "지금 9시가 지났다."라고 말한다.

객관적으로 관찰한 사실을 말하면 아이는 부모에게 반감을 갖지 않고 자신의 행동을 인식하게 된다.

부모의 감정을 말한다

아이가 학교에서 늦게 돌아온다면 무슨 일이 생긴 건 아닌지 걱정하는 건 당연하다. 이때 걱정하는 마음을 표현하되 화를 내면 안 된다. "지금이 몇 시니?", "어디 갔다 이제 오는 거야?"와 같은 말로 화를 내면 부모 마음을 이해하기는커녕 또 다른 분노를 심어주게 된다.

"네가 올 시간이 지났는데도 집에 오지 않아 걱정했어. 연락이 안 돼 혹시 무슨 일이 생겼나 답답했거든." 하고 부모의 감정을 솔직하게 표현한다. 부모의 마음을 이해하고 나면 아이는 부모가 혼낸다고 생각하지 않고 자신을 '걱정하고 염려해 준다.'고 느낀다. 그래서 부모를 더욱 친밀하게 느끼게 되고, 다음에는 걱정시키지 말아야겠다고 생각한다.

부모가 바라는 것을 말한다

부모는 아이가 '안전하게' 돌아와야 마음을 놓는다. 아이의 안전을 확인할 수 없을 때 걱정하고 불안해하는데 이때도 자녀에게 솔직하게 말한다.

"엄마가 바라는 건 네가 안전하게 집에 돌아오는 거야." 하고 말하면 아이는 부모가 바라는 것을 알게 된다.

아이가 숙제를 하지 않았다면 "엄마는 네가 제 시간에 숙제를 다 마쳤으면 해."라고 말한다. 아이가 늦게까지 잠을 자지 않으면 "엄마는 네가 잠을 푹 잤으면 좋겠어."라고 말한다.

부모가 바라는 바를 잘 표현하면 아이도 자신이 바라는 것을 구체적으로 표현하게 된다. 사람은 살아 있기 때문에 필요한 것도 있고 바라는 것도 있다. 그것이 욕구다. 욕구가 적절히 해소되어야 긍정적 감정을 느낄 수 있다. 자녀가 밉거나 불편한 감정이 들 때 부모가 바라는 것이 무엇인지 들여다보자. 부모가 바라는 것을 알면 자녀한테도 구체적으로 표현할 수 있다.

구체적 행동을 부탁한다

아이가 해주기를 바라는 행동을 구체적으로 부탁한다. 부탁은 강요가 아니다. '이렇게 해.'라고 명령하거나 일방적으로 통보하는 것이 아니라 '이렇게 해주겠니?', '이렇게 했으면 좋겠다.'라고 한다.

부탁할 때는 막연하게 말하면 알아듣지 못한다. 아이가 행동으로 옮길 수 있도록 구체적으로 말한다. 그리고 '하지 마라.'보다 긍정적 행동을 부탁한다.

"학교가 끝나면 곧바로 집으로 왔으면 한다."

"늦으면 엄마한테 전화해 주겠니?"

"늦어도 5시까지는 집에 왔으면 한다."라고 구체적 행동을 부탁한다.

아이가 늦은 시간까지 잠을 자지 않으면 "지금 불을 끄고 자야 해."라고 말한다. '네가 알아서…'라거나 '나중에…'와 같은 말은 자녀가 알아들을 수 있는 부탁이 아니다.

아이가 어릴수록 분명하게 말하자. 부모가 분명하게 말해야 아이는 불안해하거나 혼란스러워하지 않는다. 분명하게 알아들어야 어떻게 행동하는지도 알 수 있다. 아이와 대화할 때 앞의 네 단계를 기억한다면 아이와 감정 대립을 하지 않고 부모 마음을 잘 전달할 수 있다.

아이에게 부모의 상처를 대물림하지 않는다

저는 아이가 둘입니다. 큰아이는 초등학교 6학년이고 작은 아이는 3학년입니다. 그런데 둘째 아이가 미워서 죽을 지경입니다. 하는 것마다 눈에 거슬리고 하지 말라고 하면 보란 듯이 더 합니다. 성격은 저를 닮았는데 고지식한 면이 있고 고집이 셉니다.

어릴 때 아버지한테 야단을 많이 맞고 자란 저는 여자가 고집이 세면 팔자가 사납다는 말까지 들었습니다. 또 아버지한테 욕을 먹을 때마다 저는 이다음에 부모가 되면 절대로 아버지를 닮지 않겠다고 결심했습니다. 그런데 요즘 제가 아이들에게 하는 말이 예전에 아버지한테서 들었던 말입니다. 저도 모르게 아이들에게 욕을 하는 자신에게 깜짝 놀랍니다. 아버지의 욕설을 들으며 상처를 많이 받았는데 아이들도 같은 마음일 거라는 생각을 하면서도 불쑥불쑥 나옵니다. 어떻게 해야 할까요? 더 거친 말을 하게 될까 봐 걱정입니다.

아이를 행복하게 해주고 싶은 것이 부모 마음이다. 그러려면 아이를 소중하게 다루고 마음에 상처를 주지 않으면서 잘 가르칠 수 있어야 한다. 그런데 사랑과 가르침의 균형을 맞추는 일이 쉽지 않다. 화가 나면 버럭 소리를 지르기도 하고 야단을 친다. 훌륭한 부모도 마찬가지다.

부모로서 완벽하지 않은 자신을 자책할 필요는 없지만 이분의 경우는 일상의 범주를 넘어서는 부분이 있다. 특히 자신을 닮은 둘째 아이가 '미워서 죽을 지경'이라면 그 원인과 대처 방법을 찾아야 한다. 아버지한테 받은 상처가 지금껏 남아 있듯이 아이 내면에 상처가 자란다면 성장에 걸림돌이 되기 때문이다.

우리 내면에 상처 받은 어린아이가 울고 있다고 한다. 어떤 심리학자는 그것을 '내면아이'라는 말로 설명한다. 성인이 되어도 어릴 적 부모와의 관계에서 심리적 상처가 많은 사람은 내면에 울고 있는 어린아이가 있다고 한다. '마음속 아이'란 인간관계에 영향을 미치는 유년기의 상처나 심리적 갈등을 말한다. 어렸을 때 큰 상처를 받으면 나중에 대인관계에 부정적 영향을 미친다.

삶이 답답하고 행복하지 않다고 느낄 때, 특히 자식 키우는 일이 힘들고 괴롭다고 느낀다면 내 마음속 어린아이를 찾아야 한다. 내면아이를 찾아내지 못하면 평생 상처 받은 아이 상태로 인간관계를 맺게 되고 자식한테는 더 큰 상처를 대물림하기 때문이다. 무의식 속에 있는 어린아이를 찾아내면 인생이 달라진다. 자신의 참모습을 받아들이고 상처를 위로하면 남편이나 자식, 다른 인간관계에서 오는 문제를 해결하며 인생이 달라진다. 마음속 걸

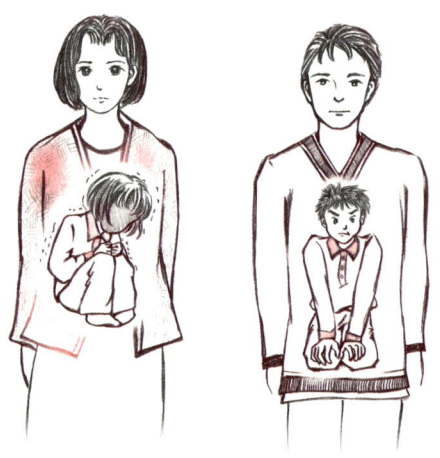

상처 받은 내면아이를 찾아내어 치유하면 좋은 부모가 될 수 있다.

림돌이나 장애가 제거되어 행복한 삶을 만들어 갈 수 있다.

자신이 부족하고 못났다고 생각하며 주눅 들고 위축된 생활을 한다면 마음속에 '열등감 있는 아이'가 있다. 열등감이 심하면 자기 비하를 하고 자신을 쓸모없고 가치 없는 사람으로 낙인찍는다. 대인관계에서도 친밀한 관계를 회피하고 대인기피증으로 고립된 생활을 하거나, 자존감이 낮기 때문에 실수할까 봐 사람들에게 자신을 드러내기를 힘들어 한다.

이런 사람은 어릴 적 부모가 자신의 모습이나 행동을 지나치게 꾸짖고 나무라는 일이 잦은 경우다. 작은 실수에도 부모가 크게 화를 내거나 혼내는 일이 잦았다면 아이는 자존감에 큰 상처를 입었을 것이다. 아이가 실수하는 것은 당연한 일이다.

아이는 경험도 부족하고 미숙해서 작은 실수를 반복하게 되는데, 그때마다 따뜻한 눈길로 바라보고 느긋한 마음으로 얼마든지 실수할 수 있다는 것을 말해 주며 안심시키고 용인해 주어야 아이는 내면에 힘을 기르고 정서적 성숙을 이루게 된다.

죽을 때까지 완벽한 사람은 없다. 다만 경험을 통해 실수를 줄이고 어제보다 조금씩 나아지고 좀 더 나은 선택을 하며 삶을 살찌우는 것이다. 부모는 아이에게 완벽할 것을 요구하지 말고 조금씩 나아지도록 격려하고 지지해야 한다.

그런데 부모가 아이의 실수를 엄격하게 통제한다면 아이는 내면에 자존감을 형성할 수 없다. 성장하면서 자존감이 약해지면 심리적 위기를 느끼게 된다. 그래서 무엇보다 중요한 것이 스스로 자존감을 찾는 것이다. 자기 자신을 위로하자. 내 안의 결핍이 채워지면 아이를 바라보는 데도 여유를 가지게 된다. 거울을 보며 부모한테서 듣고 싶었던 말을 자신에게 해주자.

"미안해. 내가 너를 함부로 대하고 미워했어."

"너는 완벽하지는 않아. 하지만 최선을 다해 살았어."

"너는 예쁜 아이야."라고 자신에게 말하며 자아 이미지를 긍정적으로 바꾸고 자존감을 키우자.

자신에 대해 부정적인 이미지를 가진 사람은 자녀를 힘들게 한다. 자신에게 부족한 점을 자식을 통해 대리 만족하고, 자신의 한풀이 대상으로 자녀를 바라보기 때문에 자녀의 삶을 옭아맨다. 자녀에게 공부를 강요하거나, 자녀의 행동을 못마땅하게 여기거나 매사를 부정적으로 보는 경향이 있다면 열등감에 사로잡힌 내면아이가 있는지 살펴보라.

인간관계에서 지나친 경쟁심을 갖거나 타인을 시기하고 질투하는 사람은 내면에 '시기심 많은 아이'가 있다. 나보다 잘난 사람을 보면 패배감을 느끼고 분노하며 우울해한다. 이런 사람은 상대방을 깎아내리고 상대방에 대한 시기심으로 삶을 파괴하고 인생을 망치기도 한다.

어릴 때 형제간에 지나치게 경쟁을 했거나 비교당하며 부모에게 인정받지 못하고 사랑받지 못했다면 시기심이 많은 내면아이가 자란다. 사랑받고 인정받는 사람을 보면 소외감과 패배감을 느끼고 그 사람을 시기하고 질투하는 어린아이의 마음이 되는 것이다.

다른 사람의 장점을 인정하지 못하고 그 사람이 미워진다면 그 사람에게 없는 나만의 장점을 찾아보자. 사람은 누구나 빛나는 보석을 가지고 있다. 사람들에게 없는 나만의 장점을 찾아 내면의 어린아이에게 들려주자. 어릴 적 부모한테서 듣고 싶었던 칭찬을 내 안의 어린아이에게 해주자.

"너는 눈은 작지만 눈빛이 반짝거려."

"너는 키가 작지만 건강해."

"너는 세상에 하나밖에 없는 유일한 존재야."

내면에 '성난 아이'가 숨어 있는 사람은 쉽게 분노하고 우울증과 편집증을 보인다. 대인관계에서 어떤 때는 너무도 친절하게 대하다가 사자처럼 돌변하여 불같이 화를 내고 분노를 폭발한다. 또 밖에서는 천사처럼 행동하다 집에만 들어오면 악마처럼 변하는 사람도 있다.

이런 사람은 어릴 적 부모가 몹시 무섭고 엄격해 매사 복종과 순종을 강요당했던 경우가 많다. 이런 아이는 내면에 분노를 쌓게 된다. 그 분노는 성인이 되어 인간관계에서 왜곡된 방식으로 표출된다. 밖에서는 사람들에게 싫은 소리 못하고 굽신거리며 지나치게 친절하다. 내면의 어린아이가 아버지에게 혼날까 봐 두려웠던 마음이 지배하기 때문이다. 그러나 내 안에 쌓인 화나 스트레스를 적절히 해소하는 법을 알지 못해 나와 가장 가까운 만만한 사람에게 쏟아붓게 된다. 가장 큰 희생자는 대부분 배우자나 자녀들이다.

가까운 사람에게 지나치게 화를 낸다면 내 안에 있는 화가 무엇인지 살핀다. 특히 부모한테서 억울한 일을 당한 경험을 떠올려 나를 위로하고 용서한다. 가까운 사람들에게 지나치게 분노를 폭발하는 것은 상대방이 잘못해서가 아니라 내 안의 분노 때문이다. 스트레스가 쌓일 때 가족을 희생양으로 삼아서는 안 된다. 나를 기분 좋게 하는 취미나 적절한 놀이와 휴식을 찾아 적극적이고 긍정적으로 스트레스를 해소하자.

내면에 '외로운 아이'가 숨어 있는 사람은 혼자 있는 것을 못 견뎌 한다. 그래서 쉽게 외로움을 느끼고 그 외로움을 피하고자

술·도박·마약·게임·채팅 같은 중독에 빠진다. 사람들이 쉽게 중독에 빠지는 것도 내면의 외로운 아이 때문이다. 모든 중독은 애정 결핍이 원인일 때가 많다.

가장 가까운 부모한테서 충분한 보살핌을 받지 못하고 방치되었거나 거부당한 경험은 버림받았다는 공포를 유발하여 인간관계에 걸림돌이 된다. 남편이 출장을 가면 견디지 못하고 초조해하거나 사랑하는 사람이 떠나갈까 봐 안절부절못해 수시로 확인하며, 심하면 의처증·의부증으로 자신과 상대방을 힘들게 한다.

어릴 적 버림받은 아이는 다시 버림받는 것에 두려움을 갖고 있다. 자녀들이 본능적으로 느끼는 두려움 가운데 가장 큰 것은 부모한테서 버림받는 것이라고 한다. 아이들은 부모에게 의존하지 않으면 생존할 수 없다. 생존에 대한 욕구는 생명체가 갖는 가장 일차적이며 강력한 욕구다. 부모가 늘 함께하며 생존이 위협받지 않도록 따뜻하게 보살필 때 아이는 안정감을 갖고 자란다.

혼자 있는 것을 힘들어 하고 사람들이 좋아하지 않거나 떠나갈까 봐 두렵다면 자신을 더 많이 사랑하라. 나는 충분히 사랑받을 가치가 있는 존재이기 때문이다.

같은 부모한테서 태어난 동기들도 저마다 기질과 성향이 다르다. 자신의 성격을 닮은 아이를 좋아하는 부모가 있는가 하면 싫어하는 부모도 있다. 자신을 사랑하고 자존감이 높은 부모는 자신의 성격을 긍정적으로 받아들이기에 자신을 닮은 아이도 사랑으로 대한다. 그러나 자신을 사랑하지 못하고 자존감이 낮은 부모는 자신을 닮은 아이가 부족해 보여 받아들이기 어렵다. 부모의 자아상이 아이에게 그대로 영향을 미치기 때문이다.

부모의 자아상은 그 부모한테서 형성되기에 자존감은 대물림 된다고 말한다. 자존감은 자신을 소중하고 가치 있는 사람으로 여기는 것이다. 자존감은 부모와 주변 사람들이 아이를 바라보는 시각에 따라 형성된다. 아이를 긍정적으로 바라보고 욕구를 존중하며 칭찬과 격려를 해주면 아이의 자존감은 자연스럽게 커진다.

몸이 성장하면 정서적으로도 성숙해야 하는데, 정서가 성숙되지 못하고 내면아이가 형성되는 것은 '결핍감' 때문이다. 부모들은 부모교육을 통해 자신의 내면아이를 발견하고 눈물을 흘리기도 한다. 상처 받은 어린아이가 안쓰럽고 안타깝기 때문이다.

내 안에 내면아이가 여럿 존재한다면 삶을 충만하게 살지 못하고 또한 부모로서 자녀가 바라는 온전한 사랑을 주기도 힘들다. 내 안에 아직도 어린아이가 있어 부모로서 따뜻하고 여유로운 마음이 부족하기 때문이다.

부모는 자녀들이 충분히 사랑받는다는 느낌을 갖도록 아이에게 사랑을 주자. 아이와 자주 스킨십을 나누고 아이가 엄마한테서 정서적 안정감을 느끼도록 배려하자.

　마음속 어린아이가 아직도 울고 있다면 시간이 날 때마다 이야기하고 위로하며 사랑한다. 마음속 아이가 떠오를 때 무시하지 말고 마음을 따라가면 나를 더 깊이 이해할 수 있다. 어른이 된 내가 마음속 어린 나에게 엄마처럼 보살피고 사랑하자. 그리하여 내면이 충분히 성숙하고 힘이 생기면 부모로서 자녀를 온전히 사랑할 수 있다.

내면아이에게 위로와 사랑을 주면
자존감을 회복한다.

내면아이를 발견하고 자각하는 것은 좋은 엄마가 되는 첫걸음이다. 불쑥불쑥 올라오는 화가 상처 받은 내면아이의 신호임을 자각하고 내면아이를 잘 다스리자. 정서가 건강하면 아이에게 상처 주는 말은 자연스럽게 사라진다.

2 자녀의 좋은 습관을 길러준다

성공 경험을
쌓도록 도와준다

저희 아이는 초등학교 5학년입니다. 요즘은 무슨 일이든 "내가 알아서 할 거야."라고 말합니다. 제가 조금만 도와주려 해도 '내가 알아서….'를 입에 달고 삽니다. 공부할 때도 제가 옆에 있으면 나가라고 합니다. 자기가 다 알아서 할 테니 참견하지 말라고 합니다. 아이가 저를 거부하는 걸까요? 아이를 챙겨주고 싶은 엄마 마음을 몰라주는 아이한테 섭섭한 마음도 들고 아이가 저를 밀어내는 것 같아 씁쓸하기도 합니다. 제가 어떻게 해야 할까요?

이 사례에서 보듯 아직 엄마의 손길이 필요한 나이인데 아이가 도움을 거절하면 당연히 섭섭한 마음이 들 것이다. 지금까지 엄마 품에서 엄마가 하는 대로 잘 따라오던 아이가 자기 마음대로 하려 드니 엄마로서 '난 이제 쓸모없는 사람인가?' 하는 역할 상실의 아픔을 느낄 수 있다. 사춘기에 접어든 아이가 멀어지는 것이 감당이 안 되어 늦둥이를 낳은 부모들을 주변에서 본다.

아기를 키우며 마음도 젊어지고 활력을 얻지만 아이가 자라면 큰아이와 크게 다르지 않으리라는 사실을 잊어서는 안 된다. 아이의 성장을 부모 역할 상실로 받아들이지 않도록 하자. 아이가 독립함으로써 부모도 자녀한테서 벗어나 의미 있는 일을 찾는 것이 좋다. 그래야 부모와 자녀 사이가 서로를 구속하거나 힘겨루기를 하지 않는 친밀한 관계로 발전될 수 있다.

아이들이 어렸을 때는 부모에게 의존하지만 자라면서 자율적이고 독립적인 선택을 할 힘을 길러준다. 부모의 사랑이 지나쳐서 모든 것을 챙겨주고 과잉보호하면 아이는 자율성을 기를 수 없다. 부모가 아이를 기르는 최종 목적은 '자율적인 사람'으로 성장하도록 돕는 것이다.

하느님은 누구한테나 자율성의 힘과 자유의지를 주셨다. 하느님은 이웃을 구속하고 억압하는 것을 바라지 않으신다. 가족관계에서 사랑이라는 이름으로 자녀와 배우자를 구속하는 것은 하느님 사랑에 모순된다. 그러니 엄마의 지나친 사랑으로 아이를 구속하지 말아야 한다.

요즘 '헬리콥터 부모'라는 말이 있다. 이 말은 헬리콥터처럼 자녀의 주위를 맴돌면서 모든 일에 간섭하고 과잉친절한 부모를 일컫는다. 이런 부모는 자녀가 성인이 되어도 일일이 참견하고 실력을 행사하는 것을 부모 역할을 잘하는 것이라고 생각한다. 문제는 이런 부모 밑에서 자란 아이들은 스스로 삶을 열어갈 자율성을 키우지 못한다는 것이다.

50대 중반의 남자를 상담한 적이 있다. 한 가정의 가장이며 작은 사업체를 운영하는 이분은 팔순의 아버지 그늘에서 벗어날 수 없어 심한 우울증에 빠져 있었다. 아들의 사무실에 불쑥 나타나 회사 일에 참견하고 마음대로 아들을 휘두르는 아버지에 대한 미움이 가득했다. 아버지는 회사가 힘들 때 경제적 지원도 마다하지 않았지만 그것을 핑계로 자신의 건재를 과시하며 쓸모 있는 사람임을 확인하는 것이다.

그런데 이러한 행동이 진정으로 자식을 도와주는 것일까? 아들에겐 그런 아버지가 너무 이기적으로 보인다. 50이 넘어 머리가 희끗희끗한 아들을 아직도 믿지 못하고 통제하는 아버지 때문에 아들은 삶의 의미를 잃어버렸고, 한 번도 자기 뜻대로 살아보지 못한 자신에 대해 화가 나 있었다.

부모가 세상을 떠나면 자식은 홀로서기를 해야 하고 자기 삶의 주체가 되어야 한다. 그러려면 자식이 부모 품을 떠나기 전에 생활 속에서 충분히 연습하고 훈련하도록 도와주어야 한다.

요즘 대학 교무처에 하루에도 십여 명이 넘는 학부모가 방문한다고 한다. 학기가 시작될 때는 더 증가한다고 하는데 이들은 자녀의 수강등록을 대신 해주고 자녀 스스로 해야 할 행정절차를 챙겨주는 것이다.

대학생이면 법적으로 부모한테서 독립이 가능한 나이인데도 부모는 아이 취급을 한다. 자녀가 자기 일을 스스로 책임지도록 가르치는 것은 성인으로서 사회생활의 토대를 만들어 주는 것이다.

아이가 '내가 알아서 할 거야.' 하고 자기 선언을 하는 것은 건강하게 성장하고 있다는 증거다. 이는 아이가 이제 더 이상 엄마에게 의존하지 않아도 스스로 할 수 있다는 자신감을 갖고 싶어 하기 때문이다. 그 모습을 보며 이제 '엄마로서 쓸모가 없어졌나?' 하고 부정적으로 생각하기보다 '어느새 아이가 자라 독립적으로 커가는구나. 이젠 아이를 지켜봐야겠다.' 하며 감사하는 마음을 갖자. 엄마가 긍정적으로 믿어준다면 아이는 점점 자율적인 사람으로 커갈 것이다.

아이가 실수하고 잘못 선택할 때는 도와주자. 이때 아이를 혼내거나 야단치지 말고 아이가 더 나은 행동으로 바뀔 수 있도록 도와주어야 한다. 부모가 자녀를 바라볼 때 '실수하는 것은 당연해.'라는 마음을 가지면 좋겠다. 나는 부모교육 시간에 부모들과 함께 이런 다짐을 한다.

"실수하는 건 당연해. 잘하는 건 훌륭해."

나는 마음속으로 이 말을 되뇐다. 경험이 부족한 아이들이 실수하는 것은 당연한 일이다. 그러나 때때로 잘해 내는 것은 훌륭한 일이다. 그럴 때는 아낌없이 칭찬한다. 부모들은 흔히 '내 아이는 잘하는 것이 당연해. 실수하는 건 안 돼.'라고 생각해 아이들이 실수하고 잘못될까 봐 전전긍긍하면서 아이를 통제하고 간섭하려 든다.

아이가 "내가 알아서 할 거야."라고 말할 때 부모는 "그래, 네가 이제 스스로 할 수 있구나." 하고 지지해 준다. 그리고 "너는 어떻게 할 생각이니?", "너는 어떻게 하고 싶니?"라고 물어서 자녀가 스스로 선택하도록 기다린다. 사람은 스스로 선택할 때 책임감도 갖는다. 부모의 일방적 결정은 아이에게 수동적 태도를 갖게 하고 결과가 좋지 않으면 부모 탓을 하게 만든다.

작은 성공 경험이 쌓이면 더 큰 성공을 이루어 낸다.

한 엄마는 아이가 5학년 때 영어공부를 위해 외국으로 조기 유학을 보냈다. 형편이 넉넉한 편은 아니었지만 아이를 위해 생활비를 줄이고 교육에 투자한 것이다. 아이는 외국에서 2년간 지내다 중학생이 되어 돌아왔다. 엄마는 아이가 영어를 잘 배워 오면 한국에서 공부하는 데 훨씬 유리할 것이라고 생각했다.

그런데 아이는 엄마의 기대와 달리 학교에 적응하지 못하고 힘들어 했다. 아이는 이제 초등학생이 아니라 사춘기를 겪고 있었다. 또래 관계 형성에 어려움을 느끼며 외국과 다른 공부 방식에 적응을 못해 학업에 문제가 생긴 것이다. 특히 우리말 어휘가 부족해 국어 · 사회 · 과학 등 여러 과목에서 힘들어 했다.

물론 조기 유학이 무조건 나쁜 것은 아니다. 아이가 차근차근 공부하고 공백을 메우며 친구도 잘 사귀기 위해 노력하면 유학 생활이 성취감으로 연결될 수 있다. 그런데 아이는 의욕을 상실한 채 툭하면 신경질을 부리고 분노를 폭발하며 엄마에게 대들었다.

"엄마의 싸구려 조기교육이 나를 망쳐놨어. 내가 보내 달라고 한 것도 아닌데 왜 나를 외국에 보냈어? 내가 이렇게 된 건 엄마 때문이야."

아이가 분노를 터뜨릴 때마다 엄마는 억장이 무너져 내렸다. 힘들게 뒷바라지한 마음을 몰라주는 아이가 야속하기까지 했다. 일이 잘 안 됐을 때 부모 탓을 하는 것은 선택이 아이 몫이 아니었기 때문이다. 아이가 부모 탓을 할 때 부모는 아이 삶에 전적인 책임을 느끼고 자책하기도 한다. 그러나 아이의 삶은 아이 몫이다. 부모가 아이의 삶에 모든 책임을 지려 해서는 안 된다.

특별히 위험하거나 사회규범에 어긋나는 일이 아니라면 아이의 선택을 존중해야 한다. 물론 아이가 잘못된 선택을 할 수도 있다. 자기 잘못을 깨닫고 다시 방향을 잡는다면 그 경험은 자산이 된다. 세 번을 실수했다면 네 번째는 성공할 확률이 그만큼 커지는 것이다.

이젠 자녀한테서 조금씩 물러나야 할 때다. 마치 아이를 물가에 내놓은 것처럼 불안한 마음으로 바라보면 아이도 자신의 선택에 어려움을 느낀다. 아이들은 부모의 믿음을 먹고 자라며 부모가 믿는 만큼 성장한다. 성장의 밑거름은 자신감이다. 일상생활에서 다양한 경험으로 성취감을 가지도록 도와주어야 한다. 그 경험은 자녀에게 주도적이고 적극적인 태도로 삶을 살아가게 할 것이다.

행동을 조절하도록 도와준다

초등학교 2학년인 우리 딸은 수줍음이 많아서 걱정입니다. 수업 시간에 발표도 하지 않고 이웃 사람을 만나도 인사를 못합니다. 인사하라고 하면 부끄러워서 제 뒤로 숨어버리기 일쑤입니다. 지난번 학부모 참관수업에 갔는데 아이는 한 시간 동안 꿀 먹은 벙어리처럼 앉아 있었습니다. 다른 아이들은 서로 발표하려고 손을 드는데 아이는 제 눈치만 보며 주눅이 들어 있더라고요. 어떻게 하면 아이가 사람들 앞에 나서는 것을 쑥스러워하지 않을까요?

초등학교 2학년 아들이 장난이 심하고 주의가 산만해 걱정입니다. 담임선생님과 상담을 했는데 수업 시간에도 가만히 앉아 있지 못하고 짝에게 장난을 치고 선생님의 말을 듣지 않아 수업을 잘 따라가지 못할 때도 있다고 합니다. 집에서도 진득하게 앉아 있지 못하고 공부하라고 방에 들여보내면 5분을 못 참고 밖으로 나와 동생에게 참견하고 들락거립니다. 어떻게 하면 아이가 집중력이 좋아질까요?

부모들은 걱정이 많다. 내성적이고 수줍음이 많은 아이한테는 활달하고 사람들 앞에서도 주눅 들지 않게 키워주고, 외향적이고 장난이 심한 아이한테는 차분하게 집중하는 힘을 길러주고 싶어한다. 내 아이에게 부족한 점을 가진 아이의 부모를 부러워하기도 한다. 부모의 바람대로 행동하지 않는 아이들을 보면 답답해하기도 한다.

그런데 부모들이 명심할 것은 아이들이 일부러 그러는 것이 아니라는 사실이다. 혼을 내거나 야단을 맞아 고쳐지는 것이 아니기 때문이다. 사람의 타고난 기질은 선천적인 것으로 성격의 일부가 된다. 타고난 기질은 바뀌지 않으므로 아이의 기질을 잘 이해하고 아이가 사회적 상황에서 자신의 행동을 조절하는 힘을 기르도록 도와주어야 한다.

내향적 아이는 사람들 앞에 나서는 것을 두려워한다

수줍음이 많고 내향적인 아이는 자의식이 강해 외부환경을 위협적으로 느끼고 긴장을 많이 한다. 자의식이란 다른 사람이 나를 바라보는 것을 의식하는 것이다. 아이가 커가면서 감정도 발달한다. 초등학교 시기가 되면 사람들이 나를 보고 있다는 의식이 없을 때는 마음대로 행동하다가도, 사람들을 의식하면 불안감을 느껴 피하거나 숨으려 한다.

때로 아이들은 집 안에서 놀 때와 밖에서 놀 때 전혀 다른 모습을 보여 엄마를 당황스럽게 만들기도 한다. 집에서는 활달하게 잘 놀다가도 밖에 나가면 소극적이고 조용한 아이로 바뀌는 것이다.

내향적 기질을 가진 아이는 사람들의 시선을 견디는 것이 힘들다. 밖에 나가면 사람들의 시선을 의식하기에 발가벗기는 기분이다. 사람들이 자신의 행동을 주시한다는 것을 견디지 못하고, 이는 아이에게 커다란 불안감을 주어 숨게 한다. 이때 부모가 야단을 치거나 지적하면 아이는 '나는 부족해', '나는 문제가 있어.'라고 생각해 사람들의 시선을 더욱 피하게 되고 발표할 상황이 되면 얼어붙어 버린다. 부모가 '너는 못하고 있어.'라는 메시지를 보낸 결과 자기 스스로 '할 수 없다.'고 생각하는 것이다.

열 살이 넘으면 사회 상황에 대한 이해력이 높아져 상황에 맞게 행동을 조절하기에 아이가 수줍어하는 것을 지적하거나 야단치지 말고 자연스럽게 도와주어야 한다. 특히 '넌 인사도 못하니?', '너, 바보야?', '말할 줄 몰라?', '오늘은 꼭 발표하도록 해.'라고 아이를 놀리거나 다그치지 않는다.

내향적 아이들은 나서는 것을 바라지 않는다. 그래서 엄마 뒤로 숨거나 나서려 하지 않을 때 '너, 지금 창피하지?', '얼굴 빨개졌네.'라고 말하면 자기 마음을 들켰다는 생각에 상처를 받아 더욱 위축된다. 아이는 아직 인지 발달이 되지 않아 융통성이나 유연성이 부족하다. 그러므로 아이의 눈높이에 맞추어 달래고 다독여야 한다.

'너, 화났구나?', '부끄럽지?'라고 아이 감정을 지레짐작해 넘겨짚어 규정짓지 않는다. 부모는 아이가 자신의 감정을 충분히 느끼고 스스로 표현할 때까지 기다려 준다. 아이가 감정 표현을 잘 하지 못하고 마음에 들지 않아도 기다리고 참아주면 아이는 인지능력의 성숙과 더불어 자신의 감정도 잘 다루게 된다.

아이가 자신의 내향성을 약점이 아니라 강점으로 받아들일 수 있는 것은 부모가 아이를 바라보는 시각 때문이다. 아이가 스스로를 좋아하게 만들려면 부모가 먼저 아이를 있는 그대로 인정하고 존중해야 한다. 부모의 눈높이로 아이를 바라보지 않아야 한다. 세상 모든 피조물이 존재 이유가 있듯이 아이는 그 자체로 소중한 존재다. 아이가 자신의 성향을 긍정적으로 받아들여야 좋은 성격을 만들어 갈 수 있다.

산만한 아이는 어떻게 도와야 주의집중을 잘할 수 있을까?

아이가 산만한 이유는 뇌의 기질적 이유와 부모의 양육환경, 인지 발달 지연 등에서 이유를 찾아볼 수 있다. 요즘 주의력 결핍과잉행동장애(ADHD)라는 용어를 심심찮게 듣는다. ADHD는 뇌의 기질로 행동과 충동성이 통제하기 어려운 경우다. ADHD 아동은 주의유지 시간이 짧아 집중하는 시간이 또래 아이들에 비해 현저하게 낮다. 이는 뇌의 기질 문제이므로 정확한 진단을 받아 적절한 치료를 받는 것이 좋다.

부모의 양육환경과 아이의 인지 발달이 느릴 때도 주의력이 떨어지기에 부모가 가정에서 아이를 잘 도와주고 환경을 조절해 주면 주의집중력이 좋아진다. 아이가 게임을 하거나 텔레비전을 볼 때는 긴 시간 동안 집중을 잘하지만 공부할 시간이 되면 시간을 끌고 제자리로 가지 못하는 경우가 있다. 이런 아이들은 주의전환이 잘 안 되는 아이들이다. 주의전환이 어려운 아이들은 1

교시에서 2교시로 과목이 바뀔 때 선생님의 지시를 따라가지 못하거나 멍하게 앉아 있는 경우가 많다. 신속하게 다른 활동으로 전환이 안 되는 것이다.

이때 엄마는 아이에게 말로만 지시해서는 안 된다. '공부하라.'고 말해도 주의전환이 더디기 때문에 계속 딴청을 부리고 늑장을 부리게 된다. 엄마는 공부할 시간이 되면 아이에게 책상 앞에 앉게 해 함께 공부하고 할 일을 구체적으로 지시하며 함께 있어주어야 한다. 또 담임선생님에게 아이의 상황을 잘 말씀드리고 최대한 선생님과 가까운 거리에 앉게 해 달라고 부탁한다. 선생님의 시선이 쉽게 갈 수 있는 곳에서는 딴 짓을 하지 않고 선생님의 지시를 잘 따르기 때문이다.

쉽게 주의력이 분산되는 경우도 있다. 조용하고 차분한 분위기에서는 집중을 잘하지만 주변이 시끄럽거나 손님이 왔을 때, 동생이 떠들거나 텔레비전 소리가 들릴 때 아이는 자기 일에 집중하지 못하고 주변에 마음을 빼앗긴다. 주의분산이 잘되는 아이는 주변 환경에서 산만한 것들을 제거해야 한다.

아이 방에 요란한 벽지나 화려한 매트는 좋지 않다. 또 방바닥에 장난감을 늘어놓지 말고 장에 집어넣어 안정된 환경을 만들어 준다. 아이가 공부할 때는 동생에게 시끄럽게 놀지 못하게 하고 텔레비전을 켜지 않도록 한다. 친구나 이웃이 집을 방문할 때도 공부 시간을 피하며 아이가 차분하게 집중할 수 있는 환경을 마련해 준다.

아이에게 할 일을 구체적으로 일러주고 함께 도와주면서 환경을 마련해 주면 아이의 주의집중 시간이 늘어나게 될 것이다. 주의력이 하루아침에 좋아지는 것이 아니므로 엄마는 아이의 행동에 감정적으로 대응하지 않도록 한다. 아이가 일부러 그러는 것이 아니기에 감정을 잘 통제해야 아이를 도와줄 수 있다.

시간관리 능력을 키운다

초등학교 4학년인 우리 아이는 방에 들어가 공부하라고 하면 계획도 없이 책을 붙잡습니다. 자기가 할 공부가 무엇인지도 모르고 무조건 공부하다 싫어지면 팽개치고 텔레비전을 봅니다. 어떻게 하면 아이가 계획적으로 공부할 수 있을까요?

'인생의 성공은 시간관리 능력에 있다.'고 한다. 많이 가졌건 못 가졌건, 능력이 있건 없건 모든 사람에게 공평하게 주어지는 것이 바로 하루 24시간이다. 눈을 뜨면 우리는 아무 조건 없이 하루라는 시간을 무상으로 부여받는다. 선물로 받은 이 시간을 어떻게 관리하느냐에 따라 자신의 삶을 성취하기도 하고 못하기도 한다. 그러니 아이들한테도 어린 시절부터 시간의 중요성을 알려주고 시간을 관리할 능력을 키워주어야 한다.

앞에서 말했듯이 초등학교 저학년 때 좋은 습관을 익히도록 하자. 그리고 고학년이 되기 전에 좀 더 구체적으로 시간을 계획하고 관리하도록 부모가 도와주어야 한다. <u>시간을 잘 계획하여 쓸 수 있는 아이는 자기관리 능력도 뛰어나다.</u> 자기관리를 잘 하는 아이들은 주도적 학습자가 되어 부모의 잔소리가 없어도 스스로 일을 잘해 나갈 수 있다.

시간을 시각화하도록 계획표를 만든다

시간은 눈에 보이지도 멈추지도 않을 뿐더러 기다려 주지도 않는다. 흘러가는 시간을 허비하지 않고 잘 나누어 쓰려면 보이지 않는 시간을 눈으로 볼 수 있도록 계획표를 만들어 잘 보이는 곳에 붙여두고 확인한다. 보통 학교생활이 일주일 단위로 짜여 있으니 일주일 시간계획표를 만들어 월요일부터 일요일까지 학교생활과 방과 후 활동 등을 계획표에 짜넣는다. 시간표를 계획할 때는 중요한 것부터 적는다.

아이젠하워는 시간관리법을 중요한 것과 급한 것으로 나누어 네 가지 영역으로 설명했다. 네 영역을 살펴보면 다음과 같다.

중요한 것과 긴급한 것	
중요하고 긴급함 (발등의 불) 돌발사고 · 생리현상 · 학교생활 지금, 꼭 처리한다	중요하지만 긴급하지 않음 (보석) 자녀와 시간 함께하기 · 가족대화 · 시간계획 · 공부 · 운동 · 여행 미루지 않는다
중요하지 않지만 긴급함 (속임수) 각종 경조사 참여 · 눈도장 찍기 · 인사치레 · 친목 모임 현혹되지 말자	중요하지도 긴급하지도 않음 (쓰레기) 텔레비전 보기 · 낮잠 · 컴퓨터 게임 줄일수록 좋다

중요하고 급한 일은 반드시 처리해야 한다. 예를 들면 돌발사고나 생리현상, 시험은 발등의 불처럼 지금 하지 않으면 안 되는 일이다. 미루면 일이 더 커지므로 지금 당장 해결해야 한다.

다음은 중요하지만 급하지 않은 일이다. 가족이 함께하거나 대화를 나누는 일, 시간을 계획하고 꾸준히 공부하고 운동을 해서 체력을 기르고 여행이나 여가 시간을 갖는 일이다. 이런 일은 급하지 않으므로 시간이 나면 하겠다고 미루기 쉽다.

그런데 이 영역의 일은 시간을 가장 충실하게 만들어 삶을 성취하도록 이끌어 주어 마치 보석과 같다. 똑같은 한 시간도 물리적으로는 같지만 질적으로는 다르다. 이 시간을 잘 활용하면 급하게 처리할 일도 줄어든다.

평소 시간을 잘 관리하며 꾸준히 공부해 실력을 쌓으면 시험에 대한 스트레스도 덜 받는다. 평소 운동을 해서 체력을 기르면 병에 걸리지 않고, 아이들과 함께하는 시간을 가지면 아이들이 어려워하는 것이 무엇인지 알게 된다.

아이들이 시간계획표를 만들 때 보석 시간을 먼저 배치해 실력을 다져 나가도록 지도한다. 급한 일 위주로 생활하다 보면 늘 시간에 끌려 다니게 된다. 우리는 흔히 시간이 없다고 말하면서 '바쁘다'고 한숨을 짓는데 사실 시간이 없는 것이 아니라 시간을 엉망으로 쓰고 있기 때문이다.

시간관리란 '급하지는 않지만 소중한 것'부터 먼저 하는 것이다. 대부분의 고학년 아이들도 이것저것 배우느라 시간에 끌려 다닐 뿐 시간을 계획하고 활용할 줄 모른다. 소중한 것을 중심으로 자기 능력에 맞게 시간계획표를 만들어 하루하루를 충실하게 보내도록 도와준다.

중요하지는 않지만 급한 일이 있다. 어른들에겐 각종 경조사나 인사치레, 눈도장을 찍기 위한 친목 모임이 있다. 그런데 사람들의 이목을 생각해 모임에 참석하다 보면 정작 중요한 일은 놓치고 만다. 주변에 바쁘게 지내는 분들을 보면 이런저런 모임에 참석하느라 정작 중요하게 챙겨야 할 가족은 뒷전일 때가 많다. 동호회 모임에 참석하느라 가족이 소외되는 경우도 있다. 사람들을 만나고 바쁘게 생활하지만 뭔가 빈 것 같고 허전한 느낌이 든다.

소중한 것을 중심으로 하는 생활은 내적 충만과 뿌듯함을 느끼게 하는 반면 중요하지 않지만 급한 일에 끌려 다니면 겉치레 생활이 되어 '내가 왜 살고 있지?' 하는 공허감이 밀려온다. 끌려 다니는 일 가운데 중요하지 않은 모임은 정리하거나 현혹되지 않도록 시간을 재정비한다.

아이들의 과외활동 가운데 중요하지 않지만 급한 것을 점검해 정리한다. 무려 10개가 넘는 과외학습을 하는 아이들도 있다. 물론 많이 배우게 하고 싶은 것이 부모 마음이다. 하지만 아이는 학원에서 배우는 것을 때우기식으로 받아들여 엄마에게 혼나지 않을 만큼만 하게 된다.

아이는 학원에 가는 것을 으레 눈도장을 찍으러 가는 것으로 생각하기에 공부 효과는 떨어질 수밖에 없다. 아이가 하고 싶어 하고 능력에 맞는 것을 한두 개 골라 배우게 해야 배우는 즐거움을 느끼고 스스로 시간을 충실하게 쓰려고 할 것이다.

중요하지도 급하지도 않은 일 가운데 습관적으로 텔레비전을 보고 컴퓨터 게임을 하거나 낮잠 자는 것이 있다. 피로를 풀기 위해 미리 계획하고 한두 시간 잠을 자거나, 휴식을 위해 게임이나 텔레비전을 보는 것은 보석 같은 시간에 해당한다. 그 시간을 통해 에너지를 충전하고 기분을 바꾼다면 충실한 시간이 될 것이다. 그러나 계획 없이 시간을 보낸다면 그 시간은 쓰레기가 된다. 한번 지나간 시간은 다시는 되돌아올 수 없기에 시간관리를 잘해야 후회하지 않는다.

그런데 급한 것 위주로 사는 아이들은 여유 시간이 생길 때 그 시간을 그냥 보내버리기 쉽다. 일주일을 바쁜 학원 스케줄에 끌려 다닌 아이들은 주말에 아무것도 하지 않고 컴퓨터 게임에 빠지거나 텔레비전에 열중한다. 어른들도 마찬가지다. 바쁘게 생활하다 보면 여가 시간을 활용하기보다 파김치처럼 늘어져 아무런 의욕도 느끼지 못한다. 급한 것 위주의 생활은 여가 시간을 허비해 버리는 함정이 있다.

중학교 1학년 소민이는 학교에서 돌아와 곧바로 오후 5시부터 밤 10시까지 학원에 가서 공부한다. 토요일과 일요일에도 학원에서 공부한다. 학교와 학원에서 공부하는 것이 전부이며 집에서는 책상 앞에 앉지 않는다. 학원에서 다 배웠다는 생각에 공부의 필요성을 느끼지 못하는 것이다. 소민이가 공부하는 시간은 많지만 성적이 오르지 않아 엄마는 걱정이 많다.

 소민이의 성적이 오르지 않는 것은 학원에 끌려 다니다 보니 시간을 관리하지 못할 뿐 아니라 공부하는 목적도 분명하지 않고 책임감도 약하기 때문이다. 집에서 텔레비전을 보거나 빈둥거리는 소민이를 엄마는 학원으로 보낸다. 스스로 배우려는 의욕도 사라지고 학원에 가서도 시간만 때우면 그만이라는 생각으로 소민이는 공부가 점점 힘들어졌다.

 부모교육을 통해 소민이의 공부 방법에 문제가 있음을 알게 된 엄마는 이야기를 나누고 나서 아이가 스스로 시간을 관리하고 학습계획을 짜도록 했다. 소민이는 학교가 끝나면 무작정 학원에 가던 것을 중지하고 공부 시간과 휴식 시간을 적절히 배분해 계획을 세웠다. 공부 시간은 학교에서 배운 내용을 복습하고 부족한 것을 보충하도록 교육방송과 학습동영상 컨텐츠를 활용하기로 했다. 그 후 소민이는 예전보다 여유가 많아졌고 효율적으로 공부하게 되었다.

 잠자리에 들기 전에 오늘 할 일을 모두 마쳤는지 엄마와 함께 점검하고 내일 할 일도 계획한다. 소민이는 지금까지 선행학습 위주의 공부를 해왔기에 공부가 어렵고 힘들다고 생각했다. 그런데 엄마와 함께 공부 방법에 문제가 있음을 정확히 알고 학년 공부를 충실하게 배우도록 학습 방법을 개선해 날마다 꾸준히 공부하는 습관을 기르게 되었다.

  중요한 것 중심으로 시간계획표를 짤 때 주의점은 일정한 시간에 규칙적으로 생활하는 것이다. 공부도 시간을 정해 날마다 조금씩 꾸준히 해야 습관이 된다. 들쭉날쭉하지 않도록 하려면 시간을 정해 시간띠가 만들어지도록 한다. 아이의 활동 시간을 형광펜이나 색연필로 표시한다면 시간을 확인하는 데 효과적이다.

  일주일 단위의 시간계획표를 작성한 다음 날마다 할 일의 항목을 살핀다. 아이가 그날그날 할 일을 적고 다 한 것은 표시해 스스로 점검하도록 도와준다. 아이가 날마다 생활을 점검하게

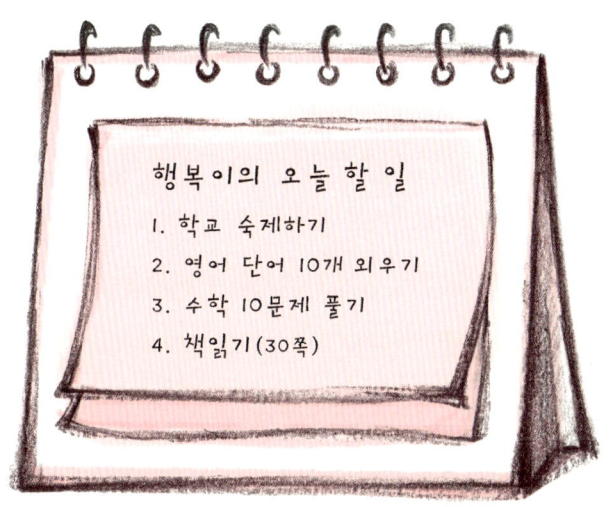

되면 자기관리 능력이 높아진다. 부모가 함께 관심을 가지면서 적절한 보상을 해주면 아이는 자신감을 얻고 성취감을 맛보게 될 것이다.

부모가 모범을 보여준다

아이들은 부모의 말이 아니라 행동을 통해 배운다고 한다. 아무리 시간관리가 중요하다고 말해도 부모가 무계획적으로 생활한다면 아이들은 배우기가 어려울 것이다. 부모도 시간을 계획적으로 쓸 수 있도록 자신의 생활을 관리해야 한다.

일을 미루다 한꺼번에 해치우지 않는지, 여러 모임에 참여하지 않는지, 아이들이 학교에 가고 나면 텔레비전 앞에 앉아 시간을 보내거나 잡담과 수다로 시간을 보내지는 않는지 점검한다. 부모가 습관적으로 텔레비전을 켜면 아이도 그 모습을 닮아간다. 부모의 미루는 습관을 닮아 숙제를 미루다가 허겁지겁 해치운다. 건성으로 하는 일은 실수도 많고 결과도 만족스럽지 않다. 이런 습관은 성인이 되어도 그대로 남아 사회생활에 어려움을 가져온다.

부모도 하루하루를 계획하고 그대로 실천하는 것은 어떨까? 물론 중요한 것을 중심으로 계획을 짠다. 급한 것은 미루지 말고 그때그때 처리하고 아이들과 함께 계획을 세우는 것이 좋다. 하루를 끝내고 잠자리에 들 때 '오늘 하루도 충실하게 보냈다.'는 느낌으로 잠든다면 행복한 삶을 가꾸어 가고 있는 것이다.

시간을 무계획적으로 쓰고 있다면 잠자기 전에 시간을 거슬러 올라가 아침부터 어떻게 생활해 왔는지 '시계부'를 작성해 본다. 가계부에 지출 내역을 적듯이 오늘 하루 시간을 어떻게 사용했는지 적는다. 이렇게 시각적으로 볼 수 있도록 적어 보면 시간을 사용하는 데 문제점과 시간을 허비한 원인을 찾을 수 있다. 아이들도 계획대로 시간 활용이 안 된다면 잠자기 전에 엄마와 함께 시계부를 적을 것을 권한다. 무계획적인 아이들에게 일주일 동안의 시간을 적게 함으로써 시간 활용을 효율적으로 높인 경우가 많다.

아이들의 시간 활용 능력이 갑자기 좋아지기는 어렵다. 계획대로 못했다고 혼내기보다 원인이 무엇인지 알아보고 아이가 실행력을 높이도록 도와주고 조언하는 부모가 되자. 아이를 혼내는 것은 변화로 이끌 수 없으며, 부모의 칭찬과 격려를 통해 조금씩 바뀌어 갈 것이다. 아이가 한정된 시간을 조절하고 배분하여 사용한다면 자기 삶의 주인이 될 것이다. 시간을 계획하고 관리하는 것이 바로 '소중한 보석'이다. 날마다 아이와 함께 시간 도둑을 없애고 충실한 시간으로 채워 나가기를 기대한다.

아이와의 연결성을 가지고 통제한다

저는 초등학교 2학년 남자 아이의 엄마입니다. 아이가 엄마 말을 듣지 않고 자기 하고 싶은 대로 하려고 합니다. 제가 "컴퓨터 그만 꺼."라고 말하면 짜증을 내고 동생을 괴롭힙니다. 엄마의 지시를 따르지 않고 무엇이든 "싫어."라고 말합니다. 어떻게 해야 아이가 말을 잘 듣고 따를 수 있을까요?

앞에서 말했듯이 부모는 아이를 조건 없이 사랑해야 하지만 바른 것도 가르쳐야 한다. 그런데 아이들이 부모의 가르침을 듣지 않는다면 걱정이 되고 아이가 미울 때도 있다. 아이가 부모에게 반감을 갖지 않게 가르치는 법에 대해 알아보자.

가르치기 위해서는 자녀와 연결되어 있어야 한다

연예 오락 프로그램을 보는 아이에게 프로그램이 유익할 것 같지 않다고 판단해 텔레비전을 끄라고 한다면 아이는 부모에 대해 어떻게 생각할까?

물론 '엄마 아빠가 날 위해 텔레비전을 보지 말라고 하시는구나. 내가 좋아하는 프로그램을 못 보는 건 아쉽지만 텔레비전을 끄고 공부부터 해야겠다.'라고 생각하는 아이도 있겠지만 '왜 나한테 간섭이야? 어휴, 엄마 아빠 없는 곳에서 살고 싶어.' 하고 투덜거리는 아이도 있을 것이다.

전자의 경우 부모와 정서적 연대감이 튼튼한 아이다. 부모 자식 사이에 단단한 신뢰가 형성되어 있어 텔레비전을 보고 싶은 자신의 욕구가 훼손되어도 좌절감을 느끼기보다 부모의 관심을 긍정적으로 받아들이고 자신의 행동을 바꿀 수 있다. 그러나 후자의 경우 부모 자식 사이의 연대감이 단절된 상태다. 서로 정서적 교감을 나누지 못해 아이는 부모의 가르침을 잔소리나 간섭으로 받아들여 반감을 가지게 된다.

아이와 충분히 연결되어 있다면 부모의 통제는 특별히 문제되지 않는다. 오히려 부모의 통제가 아이한테 안정감을 가져다주어 자신의 행동을 결정하는 데 중요한 기준이 된다. 아이들은 규칙이 있는 것을 좋아할까, 없는 것을 좋아할까? 대부분의 부모는 '아이들은 규칙이 없는 것을 좋아할 것'이라고 생각하겠지만 실제로는 그렇지 않다. 아이들은 규칙이 있는 것을 훨씬 편하게 생각한다.

예를 들어 우리가 교통신호 체계가 없는 상태에서 생활한다고 가정해 보자. 교통규칙이 없는 무질서한 상태에서 마음 놓고 다닐 수 있겠는가? 자동차는 마구잡이로 질주할 것이고 차와 사람이 뒤엉켜 아수라장이 될 것이다. 행여 사고로 다치지 않을까 하는 불안감으로 거리에 나서는 일이 끔찍하게 생각될 것이다.

이와 반대로 교통규칙이 명확한 상태에서 생활하는 우리의 모습을 그려 보자. 모든 사람이 합의한 명시적 규칙에 따라 교통신호등은 신호를 보낸다.

사람들과 자동차는 교통신호등에 따라 가고 멈추고 기다리는 것을 원활하게 한다. 사람과 자동차의 소통이 명확하기에 교통혼잡이 없다. 사람들은 교통규칙에 따라 안전하게 거리를 활보할 수 있다. 이것이 규칙이 주는 안정감이다.

아이들은 명시적 규칙이 있을 때 안정감을 느끼며 그 규칙 안에서 자유롭게 활동한다. 자유롭게 하는 것만이 자율성을 키워 주는 것은 아니다. 아이가 스스로 선택할 힘을 기르고 통제와 조절을 함께 익혀야 한다. 선택의 자유와 통제, 조절의 양 날개를 달아야 자율성을 키울 수 있다. 그러므로 부모의 안정적인 규칙의 틀은 매우 중요하다. 하지만 아이가 규칙을 받아들이고 지키게 하려면 아이와 충분히 연결되어 있어야 한다.

자녀에게 모든 것을 허용해도 서로 단절되어 있다면 자유가 아니라 방치하는 것이다. 행동을 허용하든 통제하든 자녀와 연결되어 있어야 한다. 그러기 위해서는 자녀의 감정을 무조건 받아들이고 공감해야 한다.

이 표는 부모가 자녀와 연결되어 있는지, 단절되어 있는지에 따라 통제와 허용이 자녀에게 미치는 영향이 다름을 알 수 있다.

행동 \ 소통	연결	단절
통제	규칙·가르침	간섭·금지
허용	자율성	방치·체념

1. 자녀와 정서적으로 연결되어 있다면 부모의 통제는 규칙과 가르침이 될 수 있다. 아이는 안정적인 규칙의 틀 안에서 좋은 습관을 몸에 익혀 나가게 된다.
2. 자녀와 연결되어 있으면서 자녀에게 허용하는 행위는 자율

성을 존중하는 것이다. 자신이 선택한 것을 존중받은 아이는 책임감도 강하고 주도적·적극적인 아이로 자란다.
3. 자녀와 정서적으로 단절되어 소통이 이루어지지 않으면 부모의 통제는 간섭이나 금지로 받아들여진다. 그래서 부모에게 반항하거나 간섭에서 벗어나기 위해 일탈하게 된다.
4. 자녀와 단절되어 있으면서 자녀의 행동을 허용하는 것은 방치하고 체념하는 것이다. 방치된 아이는 부모한테서 큰 상처를 받는다.

심리학자 앨리스 밀러는 자녀를 때리는 것뿐 아니라 방임하고 돌보지 않는 것은 물론 모욕적인 말이나 심한 말을 하는 것도 정서적 학대라고 했다. 육체적·정서적으로 학대받은 경험이 있는 사람은 상처가 치유되지 않으면 나중에 학대하는 어른이 된다고 한다. 그러니 자녀가 부모한테서 거부당하거나 학대받는 느낌이 들지 않게 하려면 부모는 아이와 정서적으로 연결되어야 한다.

행동을 통제한다

감정을 수용하는 것이 자녀의 행동까지 허용하는 것은 아니다. 감정은 매우 소중하다. 우리는 살아 있는 생명체이기에 순간 순간 다양한 욕구를 느낀다. 아이들한테는 즐겁게 놀고 싶은 욕구, 사랑받고 싶은 욕구, 편안하게 쉬고 싶은 욕구, 새로운 것을 알고 싶고 호기심을 채우고 싶은 욕구 등 다양한 욕구가 있다. 그러한 욕구가 적절하게 충족되면 긍정적 감정을 느끼지만 반대로 욕구가 충족되지 않으면 부정적 감정을 느끼게 된다.

그래서 아이들의 감정 표현은 자신의 욕구가 채워졌는지 아닌지에 대한 신호인 것이다. 그 신호를 무시하거나 억압해서는 안 된다. 마음에 생긴 감정은 적절하게 해소되지 않으면 그대로 쌓이기 때문이다.

마음에 생긴 감정은 발산하지 않으면 없어지지 않는다. 특히 부정적 감정은 어느 순간 분노로 폭발한다. 그러니 아이들의 감정을 무조건 받아들여 해소하도록 도와준다.

부모들은 특히 부정적 감정에 대한 선입견을 가지고 있다. 아이가 누군가를 미워하고 슬퍼하거나 두려움을 느낄 때 그 감정은 나쁜 감정이라고 생각해 받아들이지 않는다. 감정은 내 욕구의 충족 여부에 따라 일어나는 자연적 반응인데도 부모가 그 감정을 무시하거나 억압하는 것이다.

아이 마음에 생긴 감정을 부모가 부정하면 아이는 그 감정을 해소할 수 없게 되고 마음속에 그대로 남아 폭발하기를 기다리는 시한폭탄과 같다. 아무리 부모라도 '이렇게 느껴야 해.'라고 감정을 강요할 수 없다. 어떤 감정을 느끼든 그 감정은 소중한 것이니 긍정적이든 부정적이든 아이의 느낌을 잘 받아들여야 한다.

그런데 아이의 감정을 받아들이다 보니 적절하지 않은 행동까지 허용하는 실수를 하기도 한다. 아이에게 "컴퓨터 그만 꺼라." 했더니 "네, 알겠어요." 하지 않고, "싫어요, 더 할 거예요."라고 한다. 그래서 엄마가 아이의 감정을 받아들이려고 "게임이 재미있어 더 하고 싶니? 그럼 네가 하고 싶은 만큼 해."라고 한다면 아이는 게임을 언제 중단해야 하는지 자신을 조절하고 통제하는 법을 배울 수 없다. 아이의 감정을 받아들이면서 행동을 적절하게 통제하는 대화로 바꾸어 보자.

엄마: 이제 컴퓨터 끌 시간이야.

아이: 엄마, 조금만 더 할 거예요.

엄마: 게임이 재미있어서 계속하고 싶지?

아이: 네, 조금만 더 할게요.

엄마: 그래, 컴퓨터 끄기가 아쉬울 거야.
　　　엄마도 네 마음 이해해.

아이: 그러니까 조금만 더 하게 해주세요.

엄마: 그런데 네가 약속한 시간이 지났어.
이제 꺼야 해. 대신 내일 또 할 수 있어.

성급하게 컴퓨터를 끄라고 강요하면 엄마에게 반감을 가지므로 아이 마음을 천천히 읽고 나서 단호한 목소리로 말한다. 그런 다음 또 할 수 있다고 말하면 아이는 아쉬운 마음을 접고 컴퓨터를 끄게 된다. 아이가 컴퓨터를 마지못해 끈다 해도 엄마는 아이의 긍정적 행동을 칭찬하고 인정해 준다.

"컴퓨터 끄는 것이 쉽지 않았을 텐데 껐구나. 대견하다." 하고 행동을 인정하면 아이는 긍정적 느낌을 가지고 스스로 조절하는 능력을 키운다. 일부러 말을 안 듣는 아이는 없다. 부모가 아이의 감정을 잘 받아주면 아이도 엄마와 정한 규칙을 지키려는 마음을 갖게 된다.

한 엄마는 휴대전화를 사 달라는 아이에게 처음엔 비싸기도 하고 아직 어리다고 생각해 사 주지 않았다. 그런데 아이는 날마다 친구들은 다 가졌다며 조르고 떼를 썼다. 엄마는 아이가 혹시 기가 죽거나 주눅이 들지 않을까 하는 생각에 휴대전화를 사 주었다. 그런데 새로운 모델이 나올 때마다 끊임없이 사 달라고 조르는 아이 때문에 무척 힘들다고 했다. 부모가 아이의 요구를 무조건 허용해서 생긴 문제다.

아이에게 휴대전화가 필요하지 않다고 판단되면 일관된 기준을 가지고 안 된다고 해야 한다. 나 또한 아이가 휴대전화를 바꾸고 싶다고 했을 때 일 년을 기다리게 했다. 아이는 때때로 불만을 표시했고 다른 아이들은 수시로 휴대전화를 바꾼다며 속상해했지만 그때마다 아이의 요구를 들어주기보다 아이의 감정을 들어주려고 노력했다.

"친구들이 새로 산 휴대전화를 보면 부럽고 너도 갖고 싶어 속상하지? 그런데 네가 스스로 마음을 조절하며 기다리는 모습이 엄마는 대견해." 이렇게 마음을 읽고 격려했다. 그리고 일 년 후 약속한 대로 새 휴대전화로 바꾸어 주었다. 그동안 아이는 속도 상하고 자신의 요구를 들어주지 않는 엄마가 밉기도 했을 것이다. 그러나 아이는 자기 욕구를 조절하는 능력을 키우고 무엇보다 자신에 대한 긍정적 느낌을 갖게 되었다.

자존감은 어떤 물건을 가졌는가 하는 것과는 아무 상관이 없다. 부모는 또래 아이들이 갖고 있는 것을 우리 아이가 갖지 못하면 위축되지 않을까 걱정하지만 자존감은 소유한 물건에 좌우되는 것이 아니라 사람들이 아이를 바라보는 시선에 영향을 받는다. 부모가 아이의 감정을 받아들이고 존중하며 긍정적으로 바라보면 아이는 자신을 좋아하게 되고 스스로에 대한 통제력을 키워 나가게 된다.

통제할 때는 대안을 준다

"우리 아이는 컴퓨터 게임을 못하게 하면 텔레비전을 켜고 텔레비전을 보지 말라고 하면 동생을 괴롭힙니다."

아이가 자기 일을 하기를 바라지만 행동은 점점 부정적으로 강화된다. 왜 그럴까? 이 사례에서 보듯 엄마는 부정적인 말, 금지하는 말만 있을 뿐 긍정적 행동에 대한 대안을 제시하지 않았다. 아이는 스스로 자신을 통제하고 제어하는 능력이 미숙하기 때문에 부모가 옆에서 알려주고 통제해야 한다. 그런데 그 방법이 '무엇을 하지 마라.'가 되면 안 된다. 이 말 속에는 어떻게 해야 하는지에 대한 방향이 들어 있지 않다. 통제할 때는 반드시 구체적 대안을 제시한다.

"텔레비전을 끄고 이제 숙제할 시간이다."

"텔레비전은 하루에 한 프로그램만 보자."

이렇게 아이 행동에 대한 대안을 구체적으로 제시해야 한다. 그리고 늘 부딪치는 문제는 그때그때 다른 기준을 적용하기보다 아이와 함께 규칙을 정하고 '행동계약서'를 만들어 실천하게 한다.

행복이의 약속
1. 학교에서 돌아오면 맨 먼저 알림장을 확인한다.
2. 텔레비전은 하루에 한 프로그램만 정해서 본다.
3. 컴퓨터 게임은 화·목요일에 한 시간을 하거나 주말에 두 시간 한다.
4. 9시 전에 숙제를 마치고 가방을 챙긴다.

행복

    부모와 아이가 정한 약속을 적어 아이가 잘 보는 곳에 붙여두고 날마다 확인하도록 도와준다. 규칙이 많으면 아이는 지레 겁을 먹고 하지 않으려 하므로 할 수 있는 것 두세 가지를 정해 실천한다. 그리고 날마다 실천한 것은 스티커를 붙이고 일주일 단위로 긍정적 보상을 한다.
    아이가 습관을 만들어 가려면 반드시 보상이 필요하다. 긍정적 보상을 기대할 때 하고 싶은 마음이 생기기 때문이다. 아이에게 의무만 강요하지 말고 적절한 보상을 주면 아이의 행동은 긍정적으로 강화된다. 칭찬과 격려, 작은 선물, 부모와 함께하는 놀이나 활동 등을 활용하면 아이는 성취감을 가지고 자신을 조절하는 능력을 키우게 된다.

아이의 올바른 성장을 위해

저희를 사랑으로 가르치시는 주님,
당신 숨결을 따라
아이들이 숨 쉬게 하시고
당신을 떠나지 않게 하소서.
집에서 평화롭게 하시고
학교에서 편안하게 하소서.
배우고 익히는 데 지치지 않게 하시고
착하고 반듯하게 살아가도록
도우시고 이끌어 주소서.
친구들과 사이좋게 지내며
정겨운 우정을 나누게 하시고
서로서로 행복하게 하소서.

-「생활 속에서 드리는 나의 기도」, 한상봉

3 자녀의 자율성을 길러준다

건강한 자아상을 형성하도록 도와준다

 중학교 2학년인 딸아이는 외모에 지나치게 관심이 많습니다. 연예인이 입는 옷을 똑같이 입으려 하고 가수 팬클럽에 가입해 친구들과 몰려다닙니다. 공부 좀 하라고 하면 연예인이 될 거라며 공부는 필요 없다고 말합니다. 교복도 짧게 줄여 입고 화장까지 하고 학교에 갑니다. 학교에서 교칙 위반으로 선생님께 몇 번 지적을 받았는데도 아랑곳하지 않습니다. 어떻게 하면 아이가 학생다운 단정한 모습으로 돌아올까요?

 부모는 아이가 학생 신분에 맞게 행동을 조절하고 학교라는 틀 안에서 규칙을 지키며 성실하게 학창시절을 보내기를 바란다. 그런 부모의 바람이 잘못된 것은 아니다. 그런데 사춘기 아이들은 생물학적으로 무척 충동적인 질풍노도의 시기를 보낸다.

동물들은 이 시기가 되면 짝짓기를 하고 지금까지 살던 우리를 떠난다. 그러나 우리 인간은 이 시기의 아이들을 학교라는 제도를 만들어 통제한다. 생물학적으로 커다란 변화를 경험하며 충동 조절이 힘든 시기에 제도에 순응해야 하는 청소년은 이중의 어려움을 겪는다. 사춘기 자녀를 둔 부모들은 이 시기 아이들의 발달 특성을 이해하고 사춘기를 잘 보내도록 도와주어야 한다. 아이들의 행동을 지나치게 통제하거나 틀에 가둔다면 아이는 부모한테서 벗어나기 위해 강하게 반항할 수 있기 때문이다.

외모에 관심을 갖는 것은 자연스런 발달 과정이다

13세가 되면 뇌는 시각기능을 담당하는 후두엽이 발달하기 시작한다고 한다. 그래서 이 시기 청소년은 사람들의 시선을 지나치게 의식하고 모든 사람이 자신을 바라본다고 생각한다. 그래서 외모를 꾸미고 좋아하는 연예인에게 열광하며 기를 쓰고 닮으려 한다. 화려한 조명을 받는 연예인이나 운동선수에게 빠져 그들과 동일시하는 것도 이 시기 청소년의 뇌 발달 특징과 관련이 있다. 그러므로 아이를 혼내거나 야단치기보다 자연스런 발달 과정으로 받아들이는 것이 좋다.

얼마 전 놀이공원에서 게임 캐릭터와 같은 분장을 하고 삼삼오오 무리 지어 돌아다니는 청소년들을 본 적이 있다. 파란색·노란색·빨강색 머리 모양에 복장은 만화에서 금방 튀어나온 것처럼 특이했다. 그런 복장을 하고 사람들 사이를 천연덕스럽게 걸어 다니는 아이들이 무척 괴이해 보이기까지 했다. 그렇게 분장하는 것을 '코스프레cospre'라고 한다. 청소년들이 독특한 캐릭터를 만들어 꾸밈으로써 이상화한 자신을 드러내고 사람들의 주목을 받음으로써 스스로 만족한다.

한 엄마는 무기력하게 지내던 중학생 딸아이가 코스프레를 해 보고 싶다고 해서 허락했다고 한다. 의상을 준비하는 데 비용이 꽤 들었지만 아이는 자신이 원하는 캐릭터가 되어 친구들과 모임을 갖고 유쾌한 시간을 가졌다고 한다. 아이는 그런 활동을 통해 무기력 상태에서 탈출했고 학교생활도 잘하게 되었다고 한다. 자신의 외모에 대해 비하하거나 열등감이 많은 아이들도 외모에 지나치게 집착하는 경향이 있다. 이처럼 청소년 시기는 외모에 관심이 많기 때문에 자신을 건강하게 표현하고 발달해 가도록 도와야 한다.

다만 외모를 치장하느라 지나치게 낭비하거나 비싼 물건을 사는 것에 대해서는 엄격하게 제한한다. 한 달 용돈을 함께 정해 그 범위 안에서 쓰도록 한다. 용돈을 다 써도 다음 달까지는 더 주지 않는다. 용돈 없이 지내는 고통도 감수해야 하며, 자신의 행동에 책임지도록 가르친다.

이때 중요한 것은 화를 내거나 비난하지 않는 것이다. 아이와 함께 명시적 규칙을 정해 놓으면 감정적 대응을 자제할 수 있다. 아이가 무리한 요구를 할 때도 감정을 잘 다스려 화를 내거나 폭언을 삼가고 스스로 행동에 책임을 지고, 실수와 경험을 통해 배우도록 도와준다.

사춘기 후기가 되면 뇌 발달이 마무리되면서 취할 것과 버릴 것에 대한 분별력이 생기고 외모에 대해서도 자연스럽게 받아들인다. 잘생겼는가 못 생겼는가, 몸짱인가 아닌가가 중요한 것이 아니라 있는 그대로의 모습을 받아들이고 사랑하기 위해서는 스스로를 소중히 여기며 자존감이 높아야 한다.

이 시기 아이들이 자존감에 상처를 입지 않도록 주의한다. 부모가 아이를 심하게 다루거나 비하하는 태도를 보여서는 안 된다. 사람들이 바라보는 내 모습보다 스스로를 바라보는 시선이 더 중요하다. 정체성을 형성해 가는 청소년 시기는 이런저런 시도를 하며 자신을 꾸민다. 부모가 아이들의 이러한 시도를 긍정적으로 바라보고 격려한다면 건강한 자아정체감을 형성해 나갈 것이다.

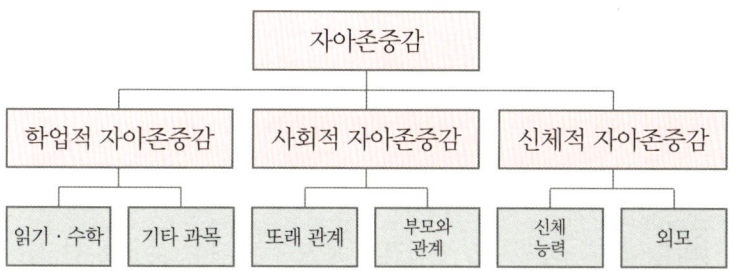

충동성을 긍정적 에너지로 바꾸어 나가도록 도와준다

사춘기에 접어든 쥐와 다 자란 쥐를 대상으로 미로찾기 실험을 했다. 사춘기 쥐들은 통로를 찾기 위해 좌충우돌 온몸으로 부딪치며 여기저기 들쑤시고 다니며 잠시도 가만 있지 못하고 길을 찾아 헤맸다. 반면에 다 자란 쥐는 가만가만 걸으며, 왔던 길을 조심조심 더듬어 안전한 길을 택해 통로를 찾고 낯선 길은 피했다. 이 실험은 청소년기의 충동성을 잘 드러낸다.

청소년은 성인에 비해 겁도 없고 마음만 먹으면 무엇이든 할 수 있다고 생각한다. 연예인을 꿈꾸며 기획사를 기웃거리기도 하고, 학교를 뛰쳐나와 새로운 일을 벌이기도 한다. 또한 공부가 힘들다고 생각되면 쉽게 다른 길을 택한다.

이럴 때 부모는 어떤 것도 노력 없이 이루어지지 않는다는 것을 아이들이 알아듣도록 이야기하고 아이가 어떤 꿈을 갖고 있는지, 그 꿈을 이루기 위해 어떤 노력을 기울여야 하는지 함께 고민해야 한다. 어떤 것도 노력 없이 얻을 수 없으며 공부를 그만두는 것이 회피가 되어서는 안 된다고 말해 준다.

아이가 섣부른 판단을 내리기에 앞서 자신을 충분히 탐색할 기회를 주자. 그러려면 무조건 공부하라고 책상 앞에 앉혀서는 안 된다. 아이가 하고 싶어하는 것에 부모가 함께 관심을 가지고 격려한다. 사춘기 열정을 긍정적으로 전환할 수 있다면 그 에너지는 미래의 꿈을 실현하는 원동력이 될 것이다.

다음은 가수가 되고 싶은 중학교 3학년 아들을 둔 부모 이야기다. 아들은 춤과 노래에 관심이 많아 비보이 댄스 베틀에 나가기도 하고 비슷한 취미를 가진 친구들과 어울렸다. 급기야 학교를 그만두고 가수가 되겠다고 선언하기에 이르렀다. 아이가 하고 싶어하는 것을 막으면 상황이 나빠질 것이라고 판단한 부모는 왜 그런 생각을 했는지, 아이 인생에 도움이 되는지 먼저 이야기해 보기로 했다. 아들은 춤과 노래 실력은 있었지만 가수가 될 수 있을지는 확신할 수 없었다.

아버지는 아들이 연예기획사를 찾아다니면서 사기를 당하거나 힘든 일을 겪지 않도록 도와주기로 약속했다. 아들은 다섯 군데 연예기획사 오디션을 보고 나서 떨어지면 가수의 꿈을 버리기로 부모와 약속했다. 아들은 열심히 준비해 오디션을 보았지만 다섯 군데 모두 떨어졌다. 아들은 약속한 대로 아쉽지만 가수의 꿈은 접기로 했다.

그러나 아들은 대중예술 기획자가 되기 위해 대학에 진학할 결심을 했다. 오디션을 보면서 가수가 되기에는 부족하지만 사람들에게 즐거움을 줄 수 있는 공연기획자가 되고 싶다는 생각을 한 것이다. 아이는 자신이 바라는 것을 반대하지 않고 기회를 열어주기 위해 도와준 부모에게 고마움을 느꼈고 부모를 실망시키고 싶지 않다는 생각을 하게 되었다.

주변에 인문계 고등학교에 진학하는 대신 애니메이션 고등학교나 대안학교를 선택한 아이들이 있다. 아이들 각자의 소망을 수용하고 인정한 부모가 아이의 선택을 적극적으로 도와준 결과다. 얼마 전 우리나라 애니메이션 고등학교 졸업생들이 일본의 명문 애니메이션 관련 대학에 우수한 성적으로 합격했다는 신문기사를 보았다. 부모가 '공부=성적'이라는 편협한 잣대로 자녀를 재고 평가하지 않는다면 아이는 마음껏 잠재력을 발휘할 수 있다.

부모와 자녀 사이가 멀어지는 것은 자녀의 능력에 비해 부모의 기대가 너무 높기 때문이다. 부모는 자녀에 대해 긍정적인 기대를 가져야 한다. 그러나 그 기대가 부모가 이루지 못한 꿈에 대한 지나친 집착이라면 자녀에게 큰 부담을 주게 된다. 이제는 한 줄 서기 시대가 아니다. 한 줄로 나란히 서서 한 방향을 향해 뛰는 시대가 아니라 여러 줄로 서서 각자의 방향으로 개성을 발휘하며 뛰는 시대다.

이어령 선생은 베스트 원best one이 아니라 온니 원only one이 되도록 자녀를 키우라고 했다. 세계화되어 가는 이 시대에 자녀가 공부 때문에 좌절하지 않고 잠재력을 마음껏 발휘할 수 있도록 부모가 개방적이고 유연한 사고를 가져야 한다.

아이들이 경험하는 좌충우돌이 자신의 능력에 좌절하지 않고 새로운 세상을 열어가는 열정이 되도록 부모는 자녀에 대해 긍정적인 격려를 하는 것이 좋다. 또한 자녀의 꿈에 대해 진지하게 들어주고 그 꿈을 실현할 목표와 계획을 구체적으로 설계하도록 도와준다면 마음껏 잠재력을 발휘해 주도적 삶을 살게 될 것이다.

사회성을 길러준다

우리 딸은 초등학교 3학년입니다. 반 짝꿍의 생일에 다른 친구들은 초대받았지만 우리 아이는 초대받지 못했다고 합니다. 아이는 울상이 되어 집에 돌아와 학교에 가지 않겠다고 합니다. 딸은 평소 친구와 잘 어울리지 못하는 것 같습니다. 친구들이 좋아하지 않는다며 자기는 외톨이라고 합니다. 집에 데리고 오는 친구도 없고 혼자서만 지내려고 합니다. 어떻게 하면 아이가 친구들과 어울리고 사회성도 좋아질까요?

아이들이 어렸을 때는 부모의 절대적 영향을 받지만 자라면서 부모 품을 벗어난다. 학령기 아이들에게 또래 친구와의 관계 형성이 중요한 것은 자랄수록 친구들의 영향을 많이 받기 때문이다. 그래서 주변에 좋은 친구가 많아야 하고, 자신 또한 좋은 친구가 될 수 있어야 한다. 그런데 친구들과 어울리지 못하는 것을 보면 엄마 마음은 편치 않을 것이다.

또래 친구들에게 인기가 많고 좋은 친구가 되는 것은 아이의 자신감 형성에 매우 중요하다. 학교는 공부만 하는 곳이 아니라 나와 다른 친구들의 관계를 통해 인간관계 능력을 키우는 곳이다. 친구들과 사이가 좋은 아이들은 학교를 좋아한다. 아이가 행복하려면 사람들 사이에서 편안하고 즐거운 경험을 해야 하고, 좋은 친구 관계를 만들어 나가려면 부모와 관계가 좋아야 한다.

부모와의 애착은 인간관계의 기본틀이다

신생아는 혼자 할 수 있는 것이 거의 없다. 그래서 아이는 보살펴 주는 사람에게 절대적으로 의존한다. 아이의 의존욕구를 충족시켜 주는 주양육자는 엄마다. 이 시기에 엄마가 아이의 요구에 잘 반응하면 아이는 이 세상이 안전하고 믿을 만한 곳이라고 느낀다. 아이는 엄마를 통해 세상에 대한 신뢰를 배운다. 만 3세까지는 엄마와 애착관계를 형성하는 시기다.

엄마와 안정적 애착관계를 형성한 아이는 이후에 낯선 환경에도 잘 적응할 수 있다. 세상에 대한 믿음과 안정감이 있기에 낯선 것에 대한 두려움이나 불안이 없다. 아이는 엄마와의 애착을 기반으로 또래 친구와 관계를 형성해 나가며 우정을 쌓아간다. 엄마와 나눈 친밀감은 친구에 대한 우정으로 발전하고 성인이 되면 이성간의 사랑으로 발전한다.

남녀가 만나 사랑하는 것을 보면 토라지고 싸우고 화해하고 다독이며 사랑을 나누는 모습이 유치하다 싶을 만큼 어린아이 같다. 심리학자들은 그것을 건강한 퇴행이라고 한다. 아기 때 엄마와 기초 신뢰가 잘 형성된 사람은 사랑하는 사람과 건강한 퇴행이 잘 이루어져 친밀감을 준다.

세상에 대한 믿음과 신뢰가 부족한 아이는 성인이 되어 이성이 다가올 때 거부하거나 두려움을 느껴 뒤로 물러나거나, 이성에게 다가가는 것을 머뭇거리고 망설이게 된다. 애착이 단단한 사람은 이성에 대한 신뢰가 단단해 사랑하는 사람과 결혼하고 부모한테서 받은 신뢰를 아이에게 주며 내 아이와 애착을 형성해 나간다. 그래서 애착은 대물림된다고 말한다.

> 부모와의 애착 → 친구와의 우정 → 이성과의 사랑
> 부모와 자식의 애착

부모와 애착이 잘된 아이들은 또래 친구들에게 다가가는 데 두려움을 느끼지 않는다. 부모한테서 거부당한 기억이 없기 때문에 친구가 거절하거나 싫어할까 봐 걱정하지 않는다. 친구와 다투더라도 사이좋게 문제를 해결하려고 노력한다.

친구와 지내는 것을 힘들어 한다면 유아기 때 아이와 애착이 단단하게 형성되었는지 살펴본다. 엄마가 우울증이 있었거나 직장생활이 바빠 아이를 제대로 돌보지 못했는지 돌아본다. 특히 주양육자가 자주 바뀌는 것은 아이를 불안하게 한다. 엄마의 직장생활이나 다른 이유로 아이가 할머니, 친척집, 놀이방 등을 오가며 보살피는 사람이 일정하지 않으면 내재된 불안으로 정서 문제가 발생하는 경우가 많다.

에릭슨은 '아이들이 크고 난 다음에도 치유하지 못하는 것은 없다.'라고 했다. 다시는 아기 때로 돌아갈 수 없기에 어떤 엄마는 충분한 사랑을 주지 못한 것에 자책하고 후회한다. 그러나 지나간 시간을 후회할 필요는 없다. 충족되지 않은 사랑을 보충·보상해 주면 아이는 정서를 회복해 자신감 있는 아이로 자란다.

자녀에게 말과 행동으로 사랑을 표현하자. 사랑은 표현하지 않으면 알지 못하므로 지금부터라도 아끼지 말고 표현하자. 사랑한다는 말은 자신감 있는 아이로 자라게 한다.

과잉보호는 아이의 분리개별화를 방해한다

부모가 과잉보호하는 아이도 친구 사귀는 것에 어려움을 느낄 수 있다. 부모가 아이의 모든 행동을 받아들이면 아이는 자기중심에서 벗어나지 못한다. 친구한테 양보하고 규칙을 지키고 내키지 않는 일을 해야 할 때도 있기 때문이다. 이런 것이 싫어서 친구를 멀리하거나 집에서 지내려 할 때도 있다.

만 3세가 지나면 사회성이 발달하면서 다른 아이들과 놀고 싶어한다. 다른 아이들도 나처럼 장난감을 갖고 싶어하고 재미있게 놀고 싶어한다는 것을 알게 되면서 모든 것을 자기중심에서 생각하던 것에서 서서히 벗어나고 다른 사람에게 양보할 줄도 알게 된다. 양보와 배려는 사람들에게 인정받는 행동이 무엇인지 알아야 가능하다. 이때 부모는 아이들이 부모한테서 분리개별화되도록 도와주어야 한다.

아기였을 때는 엄마와 일심동체라고 느끼다가 엄마는 나와 다른 독자적이고 개별적인 존재임을 인식한다. 그래서 아이는 부모 품에서 벗어나려고 시도한다. 이때 아이가 불안을 극복하도록 도와준다. 이 세상은 엄마의 품처럼 늘 안전한 곳이 아니므로 엄마가 아이의 행동을 수용하고 긍정적 행동에 칭찬과 격려를 한다면 아이는 안정감을 느낄 것이다.

낭떠러지를 건너야 할 때 아이는 엄마의 표정을 보고 자신의 상황을 판단한다. 엄마가 믿음을 주면 아이는 위험한 낭떠러지를 건널 자신감을 얻는다. 그러나 엄마가 걱정하고 불안해한다면 아이는 자신감을 잃는다. 부모의 지나친 사랑은 아이의 발목을 잡는다.

주변에 친구들과 노는 것보다 집에 있는 것을 더 좋아하는 아이가 있다. 아이의 부모는 어렵게 얻은 자식이 바라는 것은 무엇이든 다 해주었다. 아이는 학교에 입학한 후에도 엄마와 노는 것을 더 좋아하고 친구들과 어울리려 하지 않았다. 아이가 자신에게 제공되는 안락한 환경을 포기하고 싶어하지 않기 때문이다.

아이들은 실수를 하면서 배운다. 그런데 아이가 실수를 하고 친구들에게 괴롭힘을 당할까 봐 품에 끼고 있다면 아이는 친구를 사귀고 갈등을 해결하는 인간관계 기술을 배울 수 없다.

재미있는 원숭이 우화를 소개한다. 새끼 두 마리를 키우는 어미 원숭이가 있었다. 그런데 작은 원숭이는 건강하게 태어났지만 큰 원숭이는 몸이 약해 어미는 늘 큰 원숭이한테만 관심을 쏟았다. 다 자란 큰 원숭이는 어느 날 "엄마, 나도 세상이 궁금해요. 이제 혼자 밖에 나가 보고 싶어요."라고 말했다. 하지만 어미 원숭이는 허락하지 않았다. "애야, 너는 몸이 약해서 혼자 나갈 수 없단다. 안전한 집에서 엄마와 같이 있어야 해."라고 큰 원숭이를 설득했다. 어미가 큰 원숭이를 보살피는 동안 작은 원숭이는 밖에 나가 마음껏 친구와 놀면서 주변을 탐색했다.

그러던 어느 날 이웃 원숭이들이 쳐들어와 피신을 하게 되었다. 작은 원숭이가 어찌할 바를 모르는 어미에게 말했다. "제가 안전한 곳을 알고 있어요. 저를 따라오세요." 작은 원숭이는 마음껏 뛰놀며 피신할 곳을 꿰뚫고 있었다. 어미는 몸이 허약한 큰 원숭이를 안고 작은 원숭이 뒤를 따라 뛰었다. 가는 길은 쉽지 않았다. 어미 원숭이는 큰 원숭이를 옆구리에 꼭 끼고 뛰었다.

마침내 동굴에 도착한 어미가 숨을 몰아쉬며 옆구리에서 큰 원숭이를 내려놓았다. 그런데 큰 원숭이는 이미 숨이 막혀 죽어 있었다. 어미는 그제야 혼자 나가겠다고 했을 때 허락했다면 이런 불상사는 생기지 않았을 텐데 하며 회한의 눈물을 흘렸다.

요즘은 자녀가 한두 명밖에 없어 애지중지 기른다. 그런데 아이를 애지중지하며 품에 끼고 있는 것만이 능사가 아니라 엄마와 분리개별화를 잘하도록 도와주어야 한다.

친구와 놀 기회를 만들어 준다

자폐증상과 비슷한 뇌 기능 장애의 일종인 '아스퍼거Asperger'

증후군이 있는데 이 증상은 사회적 상호작용이 어렵고, 의사소통을 위한 비언어적 행동인 눈 맞추기·얼굴 표정·몸짓 의미를 이해하지 못하며, 연령별 발달 수준에 적합한 또래 관계를 형성하지 못하고 또래 친구와 노는 데 관심이 없다. 그래서 혼자 놀고, 다른 사람과 기쁨·관심·성취 등을 공유하거나 공감하려 하지 않는다.

아스퍼거 증후군은 뇌 발달 이상으로 평생 지속되는 장애인데, 요즘은 유사 아스퍼거 증후군이 늘어난다고 한다. 유전적 요인이나 뇌의 이상이 없음에도 어린 시절 또래와 어울리거나 사람들과 교류하는 적절한 자극을 받지 못하면 사회적 상호작용의 어려움을 겪는다. 요즘 심심찮게 듣는 '코쿤키드cocoon kid'라는 말은 누에가 고치 속에 있는 것처럼 아이들이 자신 안에 갇혀 밖으로 나오려 하지 않거나 사회적 상호작용을 거부하는 상태를 가리킨다.

사회성은 평생 발달하지만 어린 시절에 가장 많이 발달한다. 한 사람의 성공을 가늠하는 척도 가운데 지능이나 능력은 성공 요인의 20퍼센트 미만이라고 한다. 성공적 삶에 가장 큰 공헌을 하는 요인은 정서 능력과 사회성이라고 한다.

심리학적 조사 결과에 따르면 지능이나 능력이 부족해도 사회성이 높은 사람은 사회에서 필요한 사람이 되고 만족한 삶을 살아간다. 어린 시절 또래와의 놀이와 사람들과의 다양한 접촉으로 아이의 사회성을 개발하지 않으면 사회 능력이 퇴화한다.

친구들과 놀 기회가 많지 않은 아이들은 노는 방법을 잘 몰라 친구를 멀리할 수 있다. 또래 친구들을 집으로 불러 놀 기회를 만들어 주고 바깥 활동도 친구와 함께하게 한다. 요즘 아이들은 방과 후에도 친구들과 자연스럽게 어울려 놀기보다 여러 가지를 배우느라 바쁘게 돌아다닌다.

어떤 심리학자는 요즘 아이들이 돌고 도는 인간관계에 지쳐 있다고 말한다. 학교가 끝나면 반 친구들과 어울려 놀아야 친해지는데, 교문을 나서면서 아이들은 모래알처럼 흩어져 각자의 방향으로 달려간다. 어떤 아이는 교문 앞에 대기한 학원버스에 올라 낯선 아이들을 만나는 부담감을 안고 있다. 아이들이 많은 것을 배우기 때문에 친구와 진득하게 사귀거나 다투고 나서도 서로 화해하고 다시 친해질 기회를 갖지 못하는 것이다. 학원에 가서 낯선 아이들을 만나다 보니 '너랑 안 놀면 그만'이라고 생각한다.

친구가 소중하다고 생각할 겨를도 없이 아이들은 바쁜 일상에 쫓겨 다닌다. 이를 '리셋 증후군Reset Syndrome'이라고 한다. 컴퓨터가 작동되지 않을 때 리셋 버튼을 누르면 다시 작동되듯 친구 관계도 '아니면 말고' 식의 인스턴트식 관계를 맺는 것을 말한다.

요즘 아이들은 '죽마고우'라는 말뜻을 알고 있을까? 친구들과 재미있게 놀고 뒹굴면서 싸웠을 때 화해 기술도 익혀야 한다. 그러려면 친구와 시간을 함께할 수 있어야 한다. 아이들을 바쁜 일상에 가두지 말고 친구와 마음껏 놀 수 있는 시간을 마련해 주는 것이 좋다.

내성적이거나 소극적인 아이들은 많은 친구와 노는 것이 부담스러울 수 있다. 아이의 성향과 기질을 고려해 한두 명의 친구와 친하게 지내도록 도와주자. 많은 친구와 어울린다고 사회성이 길러지는 것은 아니므로 아이의 성향과 비슷한 한두 명의 친구와 잘 지내면 자기와 다른 아이들도 거부하지 않고 받아들인다.

사람은 자기와 비슷한 사람들을 좋아한다. 기질에 따라 친구들과 노는 것을 좋아하는 아이도 있고 혼자 노는 것을 좋아하는 아이도 있는데, 아이의 선호도를 충분히 인정해 주는 것이 좋다. 다만 아이가 또래 사이에서 불편해하거나 친구를 멀리하거나 따돌림을 받는다면 부모와의 관계를 살펴볼 것을 권한다. 또래와의 관계가 자존감 형성에 많은 영향을 줄 시기이므로 아이가 또래 관계 속에서 긍정적 경험을 해나가도록 하자.

사랑은 강요하지 않는다

중학교 2학년인 저희 아이가 1학기 중간고사를 치렀는데 학교 성적이 많이 내려갔습니다. 지난해까지는 공부를 열심히 했는데 요즘은 공부에 의욕을 보이지 않습니다. 특목고 입학을 목표로 초등학교 5학년 때부터 공부를 강도 높게 시켰습니다. 그런데 공부를 더 해야 하는 시기인데 공부를 아예 놔버릴까 걱정입니다. 학원도 거부하고 자기가 알아서 하겠다며 간섭하지 말라고 하는 아이를 보면 답답합니다.

지금까지 공부를 잘해 오던 자녀가 공부에 흥미를 잃고 성적까지 떨어지는 모습을 보는 부모 마음이 얼마나 안타까울지 짐

작이 간다. 특목고를 목표로 달려왔다면 부모는 더욱 초조할 것이다.

그런데 여유가 없거나 조급하다고 아이를 채근한다면 도움은커녕 아이를 공부에서 더 멀어지게 할 것이다. 자녀와 관계가 벌어지면 부모가 가장 바라는 공부를 무기 삼아 더욱 멀리할 가능성이 있다. 급할수록 돌아가라는 말처럼 공부에 대한 의욕이 없고 성적이 부진하다면 근본 원인을 찾아야 한다. 만일 그렇지 못하면 공부할 때마다 회의를 느끼고 공부가 지겨워질 수 있다.

먼저 특목고를 목표로 공부했다면 누가 목표를 설정했는지 살피자. 자녀가 스스로 내적 동기를 가지고 설정한 것인지, 부모가 강요한 것인지 분명히 알아야 한다.

목표 지점에 도달하려면 내적 동기가 간절하고 절박해야 한다. 내가 바라는 것을 이루고자 하는 간절한 마음과 '꼭 이루지 않으면 안 된다.'는 절박한 마음이 내 안의 에너지를 끌어올리고 잠재력을 깨워 목표 지점에 이르게 한다. 그러나 목표에 대한 동기가 밖에서 온 것이라면 목표를 이루려는 의지는 훨씬 약하다. '이루어지면 좋겠지만 안 되면 할 수 없다.'라고 생각하기 때문이다. 또 목표를 이루는 과정이 힘들면 지레 포기하고 자신을 합리화한다.

이솝 우화에 〈여우와 신포도〉 이야기가 있다. 어느 날 포도가 탐스럽게 열린 포도나무를 발견한 여우는 아무리 애를 써도 키가 닿지 않아 포도를 딸 수 없었다. 자신의 힘만으로는 역부족임을 깨닫고 여우는 돌아서며 이렇게 말한다. "저건 신포도야. 너무 시어서 먹을 수가 없어." 자신이 얻고자 한 것을 가지지 못하는 아쉬움을 먹을 수 없는 신포도라고 합리화하며 자신을 위안하는 것이다.

때로는 건강한 합리화도 필요하다. 어차피 가질 수 없는 것, 이루지 못할 일이라면 일찍 포기하는 것이 합리적이다. 되지도 않을 일을 붙잡고 시간을 보내는 것은 인생을 낭비하는 것인지도 모르니까.

그런데 계속할지 그만둘지, 판단 기준이 명확하지 않을 때 아이들은 고통스러워한다. 그만두면 아쉬울 것 같고, 계속하자니 미래가 불안한 것이다. 이때 중요한 것이 내가 가지고 있는 '내적 동기'다. 나를 움직이게 하는 힘이 바로 내적 동기다. 사람이 행동하는 것은 외부 요인이 아니라 내면에서 일어나는 강렬한 감정으로 행동한다고 한다.

그 강렬한 감정이 바로 아이가 가지고 있는 꿈일 것이다. 자신의 심장을 뛰게 하는 강렬한 꿈을 가진 아이들은 섣불리 포기하거나 자신을 합리화하지 않는다. 꿈은 인생의 이정표 역할을 하기에 길을 잃지 않고 계속 나아갈 수 있는 것이다. 꿈은 캄캄한 바다를 항해하는 선박에 방향을 알려주는 등대 같은 구실을 한다. 길을 잃은 나그네에게 길을 찾게 하는 북극성과 같다. 꿈이 클수록 현실의 어려움을 이겨내는 힘이 강해진다. 자신이 바라는 미래의 이상이 명확하기에 지금의 고통을 기꺼이 참아내는 것이다. 미래에 돌아올 더 큰 보상을 기대하면 지금 공부하는 고통은 능히 참아낼 수 있다.

반기문 유엔사무총장은 이렇게 말했다.

"내가 대학 1학년이던 1962년에는 흑백 텔레비전밖에 없었고 벽에 걸린 전화기밖에 없었다. 컴퓨터도 인터넷도 없었다. 하지만 우리는 포부와 이상은 크게 가졌다. 사람을 크게 키우는 것은 꿈이다."

아이들을 부모의 좁은 틀에 가두지 말고 꿈을 크게 가지도록 하라. 아이가 꿈을 이루려면 먼저 꿈을 가져야 한다.

당신 아이의 꿈은 무엇인가? 특목고를 가라고 말하기 전에 아이가 품고 있는 꿈을 발견하도록 도와주자. 내가 만난 한 아이는 그림을 그리고 싶어했다. 그림에 상당한 재능이 있었지만 아이는 외고 입시를 준비하고 있었다. 지금은 부모의 강요로 공부하지만 미래에는 그림을 전공할 생각이라고 했다. 자신의 꿈과 맞지 않는 현실의 공부가 아이를 지치게 만든다.

외부에서 주어진 목표로는 자신의 능력을 충분히 발휘할 수 없다. 에너지를 적당히 쓰거나 안 되면 쉽게 포기한다. 이런 일이 반복되면 저성취 증후군에 빠진다.

서울대학교 교육학과 김동일 교수는 할 일을 미루고 약속한 일을 제대로 하지 않는 아이들을 '저성취 증후군'의 전형이라고 했다. 저성취 증후군 아이들은 게으르고 동기가 낮고 일을 미루며 자신의 뛰어난 능력에 비해 수행 수준이 낮다. 자신이 하지 못하는 이유에 대해서도 끝없이 합리화하거나 변명만 늘어놓는다.

이런 모습은 공부뿐 아니라 생활 전반에 걸쳐 나타나므로 성인이 되어서도 습관적으로 미루고 어려움이 닥치면 금방 포기하며 대부분의 과제나 임무를 끝까지 수행하는 것을 회피한다. 인생을 적당히 사는 것이다. 자녀가 이런 태도로 살기를 바라는 부모는 없을 것이다.

이런 태도가 만들어지는 것을 방지하려면 아이가 자신의 꿈을 발견하고 그 꿈을 이루기 위한 구체적 목표를 세우도록 도와주어야 한다. 꿈과 목표는 다른 것이다. 꿈이 자신을 행복하게 만들고 동경하게 하는 추상적인 것이라면, 목표는 추상적인 동경

대상을 현실에서 확인할 수 있는 구체적인 것이다. 라이트 형제의 꿈은 하늘을 나는 것이었고 그 꿈은 비행기를 만드는 목표로 구체화되었다.

우리나라 첫 여성 우주인 이소연 씨는 더 넓은 세상에 대한 동경으로 우주인이 되는 것을 목표로 세웠다. 꿈을 찾았다면 구체적 목표를 세우는 것이 중요하다. 목표는 건물을 지을 때 필요한 조감도와 같다. 조감도가 있어야 건물의 윤곽을 알 수 있기 때문이다. 목표 없이 하는 공부는 안개 속을 걷는 것처럼 어디로 향하는지 알 수 없어 방향을 잃어버리기 쉽다.

청소년이 방황하는 것은 목표를 잃어버렸기 때문이다. 뚜렷한 목표가 없기에 왜 공부를 해야 하는지 알지 못하는 것이다. 예일대학교 법대에서 졸업생들을 대상으로 자신의 꿈에 대해 설문조사를 했더니 67퍼센트는 꿈이 없다고 했고, 30퍼센트는 꿈이 있긴 하지만 명확하지 않다고 답했다. 3퍼센트는 자신의 꿈을 기록해 구체적 목표를 세웠다.

20년 후 그들을 다시 추적 조사한 결과 구체적 목표를 세우고 기록한 3퍼센트가 나머지 97퍼센트보다 사회적 성취감이 훨씬 높았고 주도적으로 살고 있었다. 꿈을 발견해도 구체적 목표를 세우지 않으면 한갓 꿈일 뿐이며 희망사항일 뿐이다. 목표 없는 공부는 오래갈 수 없다.

목표는 매우 구체적이고 사실적이어야 한다. 장기·중기·단기 목표를 정해 구체적으로 계획을 세워야 한다. 예를 들어 1년 동안 성적을 얼마만큼 올리겠다는 목표를 세웠다면 그 목표를 달성하기 위해 공부 계획을 세부적으로 세우는 것이다. 부족한 과목이 무엇인지, 어떻게 공부할 것인지, 하루 공부 양과 공부 방법 계획을 상세하게 세워야 한다.

계획은 건물을 짓기 위한 설계도와 같다. 치밀하게 설계도를 그리면 설계도에 맞게 건물을 짓듯이 자신에게 맞는 계획을 세워 하루하루 실천하다 보면 어느새 자신의 꿈에 한 발짝 다가가 있을 것이다.

어떻게 살아야 행복할 수 있는지, 내 가슴을 뛰게 하는 꿈을 찾아보자.

꿈 → 목표 → 계획 → 실행

* 자신의 꿈에 구체적인 날짜를 기록해 목표를 정한다.
* 목표를 세부적으로 나누어 계획을 세운다.
* 계획대로 꾸준히 실천하면 꿈을 이룰 수 있다.

무턱대고 공부하라고 하기 전에 아이와 함께 꿈에 대해 이야기를 나누는 것이 좋다. 중학교 2학년이면 자신이 좋아하는 것, 잘하는 것을 찾을 수 있다. 진로 프로그램이나 집단 활동을 통해 자신을 발견하고 차근차근 목표와 계획을 세워 실천하도록 도와주자.

중요한 것은 아이와 좋은 관계를 맺는 것이다. 부모의 조급한 마음이 앞서면 아이는 부모가 자신을 도와주는 것이 아니라 간섭하고 통제한다고 생각해 중요한 시기에 방황하기도 한다. 아이와 소통이 잘 되어야 공부와 진로 문제를 의논하고 상의할 수 있다. 특목고가 인생의 성공을 보장해 주는 것은 아니다. 그것은 인생에서 거치는 하나의 관문이니 거기에 모든 것을 걸지 않도록 한다.

이제 고등학교를 선택하는 폭은 넓어졌다. 특목고·특성화고·인문계고·대안학교 등이 있고 서울에서는 고등학교 선택제가 실시되었다. 아이의 꿈과 목표에 맞는 선택을 하도록 부모가 지지해 주는 것이 바람직하다.

2009학년도 대학입시에서 수능 만점을 받은 학생은 평범한 인문계 고등학교 출신이었다. 공부를 왜 하는지 뚜렷한 목표가 있으면 어떤 환경에서도 할 수 있다.

요즘 '평생학습 시대'라는 말을 자주 듣게 되는데 아이들이 살아갈 21세기는 평생학습 시대다. 이제 평생직장은 없다. 최근 일본에서는 공무원의 평생직장을 보장하던 제도가 없어진다는 보도가 나왔다. 업적평가제를 도입해 경쟁력을 강화시킨다는 것이다.

우리나라에서는 공무원 시험 열기가 뜨겁다. 그것은 아마 안정된 직장이라는 이점 때문일 것이다. 우리나라도 머지않아 일본처럼 될 것이다.

우리 아이들은 한평생 직업을 7,8회 바꾸는 시대에 살고 있다. 평생직장이 보장되지 않는 평생직업 시대인 것이다. 평균수명이 늘어나고 100세까지 일을 해야 한다. 사회의 변화 속도가 빠르다 보니 내가 알고 있는 지식의 유효기간도 짧아져 어제의 지식이 오늘에는 폐기되는 시대에 살고 있다.

그러므로 자신에게 필요한 새로운 지식을 배우고 주도적 학습자가 되어야 경쟁력 있는 미래 사회의 주역이 될 수 있다. 30년 뒤에는 90퍼센트의 직업이 사라지고 다른 직업으로 대체된다고 한다. 그렇다면 청소년 시기에 공부에 대한 좌절을 경험하게 해서는 안 된다.

꾸준한 실력을 갖추고 공부에 대한 흥미를 자극해 자신이 바라는 공부를 주도적으로 하도록 도와주어야 한다. 하루가 다르게 변화하는 세상에 부모들도 관심을 가져야 한다. 그래야 아이들에게 미래를 준비하는 공부 방법을 알려줄 수 있다. 무조건 공부 열심히 해서 성적 올리라고 하기 전에 아이가 공부하는 방향이 미래를 준비하는 것인지 살펴본다. 공부하는 목적과 의미를 알고 있어야 지겹고 힘든 공부를 잘해 낼 수 있기 때문이다.

바른 성 문화를 갖도록 도와준다

중학교 2학년 아들이 여자 친구를 사귀는 것 같습니다. 아이가 동네 놀이터에서 여학생과 함께 있는 것을 보았다는 친구 엄마의 말을 듣고 아들에게 물어보았습니다. 그런데 아들은 둘러대며 묻지 말라고 합니다. 휴대전화도 잠가놓아 누구를 만나는지 알 수 없어 답답합니다. 여자 친구 사귀는 것을 허락해야 할지 말아야 할지 혼란스럽습니다.

이성에게 호기심을 갖는 것은 성장 신호다

인간은 태어나는 순간부터 성적인 존재다. 사람은 여성이 아니면 남성이라는 생물학적 성을 가지고 태어난다. 자의식이 생기면서 자신이 남자인지 여자인지 인식하게 되고 나와 다른 성이 존재한다는 것을 알게 된다. 그리고 사춘기가 되면 나와 다른 이성에게 관심과 호기심이 생긴다. 이는 인간의 자연스런 발달 과정이다.

이성에게 관심을 가지는 것은 어린아이에서 성인이 되어가는 과정이므로 인정하고 기뻐해야 한다. 그리고 자신의 생물학적 성 정체성sex과 사회적 성 역할gender에 대한 조화로운 성 개념을 형성하고, 건강한 성 문화를 만들어 가도록 부모가 도와주어야 한다.

사춘기의 가장 큰 특징은 신체 변화다. 2차 성징이 나타나면서 남성과 여성의 모습을 갖추어 간다. 성호르몬이 왕성하게 분비되면서 이성에 대한 관심이 커진다. 성에 대한 생각은 세대 간에 큰 차이가 있는데 요즘은 각종 매스컴과 인터넷 발달로 성에 대한 정보가 쏟아져 나와 아이들은 성에 대한 왜곡된 정보에 무방비로 노출되어 있다.

이렇듯 성에 대한 호기심이 왕성한 청소년 시기에 바라지 않아도 무차별적으로 제공되는 성에 대한 유혹은 자칫 탈선하게 만들기도 한다. 부모가 사춘기 자녀들의 이성교제에 대해 걱정하는 것은 사춘기 자녀들의 탈선에 대한 불안 때문일 것이다. 그러나 걱정만 한다고 아이들의 탈선을 막을 수는 없다. 부모가 성에 대한 고정관념에서 탈피해 바른 성 개념을 갖고 아이들을 지도해야 한다.

다음은 부모교육에 참여한 한 엄마의 사례다. 초등학교 4학년 아들이 학교가 끝나고 친구들과 함께 친구 집에 가서 놀았다고 한다. 부부가 맞벌이를 하는 그 집엔 아이들만 있었는데 모여 앉아 옷벗기 게임을 했다고 한다. 맥주병을 돌려 순서가 정해지면 옷을 하나씩 벗는 게임이었다. 겉옷부터 시작해 속옷까지 벗게 되자 아이는 당황해서 집에 와 엄마에게 이야기했다. 아들의 말을 들은 엄마도 놀라고 충격을 받았다. 아이가 말하지 않았다면 어떻게 노는지 알 수 없었을 것이라고 했다.

아이들은 어디선가 본 것을 따라 했을 것이다. 누구도 아이들에게 성에 대해 올바로 알려주지 않았고, 성에 대한 바른 개념이 서 있지 않아 자신은 물론 다른 사람의 몸도 소중하다는 생각을 못한 것이다. 그래서 몸을 놀잇감으로 생각한 것이다.

몇 년 전 '빨간 마후라' 사건은 청소년들이 빈집에 모여 실제 성행위하는 장면을 비디오로 찍은 것이다. 특별히 나쁜 아이들이 아니었는데도 성에 대한 올바른 가치관이 서 있지 않아 어디선가 본 장면을 그대로 모방한 것이다. 성은 밝고 아름다운 것이지만 책임이 따른다는 것을 배우지 못했기에 성을 일종의 놀이로 생각한 것이다.

부모는 아이들이 어릴 때부터 몸의 소중함에 대해 알려주어야 한다. 가장 소중한 몸을 함부로 보여서도 안 되고, 남의 몸을 강제로 보아서도 안 된다는 것을 가르쳐야 한다. 가장 쉬운 방법은 수영복으로 가린 부분은 다른 사람에게 보여주면 안 된다고 알려준다.

나는 아이가 유치원 다닐 때부터 여자는 가슴과 성기 부분, 남자는 성기 부분이 생명을 만드는 소중한 곳이므로 누가 보여 달라고 하거나 만지려 하면 단호하게 '싫다'고 말하도록 가르쳤다.

요즘은 아파트 생활을 많이 하기에 아이들이 옷을 잘 갖춰 입지 않고 지내는 경우가 많다. 목욕을 하고 나서도 알몸으로 집 안을 돌아다니기도 한다. 옷 입는 것을 싫어하는 아이들이 있는데 옷 입는 습관이 들지 않았기 때문이다. 아이들에게 몸이 소중하다는 것을 알려주고 다른 사람들에게 보이지 말아야 하는 중요한 부분이 있다는 것을 가르치려면 집 안에서도 최소한의 옷을 입도록 가르쳐야 한다. 목욕 후에도 여자 아이는 가운을 입고 나오거나 남자 아이는 속옷을 챙겨 입고 나오도록 습관을 들인다.

부모도 마찬가지다. 어떤 가정은 자연스런 성교육을 위해 부모가 아이들에게 알몸을 보여준다고 한다. 그러나 사춘기 자녀를 둔 가정이라면 이런 모습은 아이들에게 성 충동을 불러일으킬 수 있으니 기본적인 옷은 챙겨 입는 것이 좋다. 목욕탕에서 옷 벗는 것은 자연스럽지만 밖으로 나올 때는 옷을 입어야 아이들도 배운다.

'남녀 칠세 부동석'이라는 말은 생물학적으로 적절하다고 생각한다. 아빠가 딸을 목욕시킬 때 7세 이상이 되었다면 탕 속에 들어가지 말고 옷을 입고 아이를 씻긴다. 엄마가 아들을 씻길 때도 마찬가지다. 그래야 성에 대한 분별력이 생겨 밖에서도 자신의 몸을 보호할 수 있다.

이성의 몸에 호기심을 가진다면 주변에 있는 아기의 기저귀도 함께 갈아주면서 자연스럽게 자신과 어떻게 다른지 보여준다. 또 다양한 성교육 책을 활용한다. 인간은 태어날 때부터 성적인 존재이므로 성에 대해 호기심을 갖는 것은 자연스런 현상이다. 아이들이 성에 대해 호기심을 보일 때 부모가 아이의 물음을 회피하거나 부정확한 정보를 알려주면 안 된다. 어떤 부모는 "그런 건 크면 알게 돼."라고 말하거나 "엄마도 몰라." 또는 "쓸데없는데 관심 갖지 말고 공부나 해."라는 말로 아이들의 호기심을 눌러버린다. 그러나 호기심이 해소되지 않으면 궁금증이 유발되기 때문에 비정상적 방법으로 정보를 얻거나 왜곡된 정보를 갖게 될 가능성이 있다.

초등학교 2학년 아이들과 성에 관련된 책을 읽고 함께 이야기를 나눌 기회가 있었다. 그런데 아이들 눈높이에 맞는 재미있는 책을 소개하고 나서 함께 읽자고 했더니 한 아이가 '저질'이라고 했다. 아이는 책 내용을 자세히 알지 못했지만 '성=저질'이라는 부정적 고정관념을 갖고 있었다. 아이의 이런 태도는 생활환경에서 온 것이다. 부모가 성에 대해 부정적으로 생각하거나 궁금해할 때, 회피하거나 얼버무려 성은 왠지 어두운 것이라는 인상을 주었거나, 인터넷이나 다른 매체를 통해 잘못된 정보를 얻었을 것이다.

옛날에는 성에 대한 정보가 제한되어 자신이 바라지 않으면 정보를 얻을 수 없었다. 그러나 요즘은 성에 대한 정보가 홍수처럼 쏟아져 나와 유해 환경에 노출된 아이들을 안전하게 보호하기 위해서는 부모가 성에 대한 고정관념에서 벗어나 성을 바르고 밝게 배우도록 적극적으로 노력해야 한다.

현재 학령기 아이들은 학교에서 성교육을 받고 있지만 교육 시간도 짧고 형식적인 경우가 많다. 부모들도 학창시절 제대로 된 성교육을 받은 기억이 없을 것이다. 그래서 아이들에게 적극적인 성교육을 하기가 힘든 실정이다. 다행히 공공기관에 부모를 위한 성교육 프로그램이 활성화되어 있고, 학교에서도 학부모 연수를 통해 성교육을 실시하므로 부모들이 관심을 갖고 아이들에게 바른 성을 가르치면 좋겠다.

성에 노출된 아이들은 어떻게 해야 하는가?

중학생 정도만 되면 야동(야한 동영상)을 접하게 된다. 초등학생들도 야동을 본 경험이 60퍼센트가 넘는다고 한다. 중학생 아들과 딸이 엄마가 밖에 나간 사이에 포르노 사이트에 접속해 야한 사진을 다운받은 것을 후에 알게 된 엄마는 민망해서 볼 수가 없었다고 한다. 아이들이 게임을 하려고 컴퓨터를 켰다가 우연히 포르노 사이트에 접속하게 되었고 호기심에 사진을 다운받아 적지 않은 비용을 물게 된 것이다. 이런 일은 다반사다. 아무튼 아이들이 비정상적인 성에 노출되었다면 부모가 바로잡아 주어야 한다.

먼저 청소년 보호 차단 프로그램을 설치해 최대한 아이들을 보호한다. 그러나 언제든지 왜곡된 성을 접할 기회가 많으므로 아이가 야동이나 포르노를 봤다면 사람들이 돈을 벌기 위해 비정상적으로 조작한 행위라는 것을 알려주고 건강한 성은 그렇지 않다는 것을 분명하게 가르친다. 그리고 모방하면 안 된다는 것을 가르친다. 성은 자신의 욕구만 해소하는 것이 아니며 상대방의 성도 존중해 주어야 한다는 것, 내 욕구를 위해 상대방의 성을 훼손하는 일은 어떠한 경우에도 있어선 안 된다는 것을 가르쳐야 한다.

얼마 전 참으로 어이없는 상담을 한 적이 있다. 부모교육에 참석한 한 엄마는 초등학교 5학년 아들을 방학 때 영어캠프에 보냈다. 보름 일정으로 캠프에 참가한 아들은 몸집이 큰 6학년 형과 함께 방을 쓰게 되었는데 줄곧 성추행을 당했지만 무서워서 선생님에게 도움을 청할 수도 없었다고 한다. 캠프에 다녀온 아이는 심한 정신적 외상을 입었고 1년 넘게 심리치료를 받아야 했다.

요즘 성추행·성폭행과 관련된 상담이 많아졌다. 그런데 부모가 초기에 적절히 대응하지 못해 상처를 키우기도 한다. 아이가 충격적 경험을 했을 때 부모가 정신적 외상을 치유하기보다 무마하고 덮어버리려 한다면 아이의 상처는 깊어질 수밖에 없다. 이 사례의 엄마도 아이가 캠프에서 겪은 충격적인 일을 이야기하며 그 형을 "죽여버리겠다."고 말했을 때 "잊어버려, 용서해."라는 말로 아이의 상처를 덮으려고만 했다. 아이의 마음속에 생긴 분노는 불면증과 행동장애·학습장애로 나타나 아이를 괴롭혔다.

아이가 뜻하지 않은 일을 겪었다면 부모는 먼저 아이의 책임이나 잘못이 아니라는 것을 알려주어야 한다. 그리고 가해자에게 단호하게 책임을 묻고 아이에게 적절한 심리치료를 병행해야 한다. 정신적 외상이 치유되지 않으면 평생 정신장애에 시달리게 되고 자기비하에 이르러 삶을 파괴하는 경우도 있다.

임신한 몸으로 쉼터나 미혼모 보호기관을 찾아오는 청소년들은 대부분 임신할 가능성에 대해 한 번도 생각해 보지 않았다고 한다. 막연히 '나는 괜찮겠지.' 하고 생각하기 때문이다.

〈바른 성 문화를 배우게 하려면〉
* 아이를 있는 그대로 이해하고 지나친 도덕주의가 되지 않도록 자녀와 동반자 관계를 유지한다.
* 부모는 자녀와의 성에 대한 생각의 격차를 좁히기 위해 청소년들의 성 정보와 성 문화를 받아들이고 그들을 이해하고 수용한다.
* 편안한 사랑의 정서를 느낄 수 있는 가정을 만든다.

청소년들이 성관계를 가지는 이유 가운데 '충동적'이라는 답이 가장 많았고 그다음이 '상대의 요구'였다. 여자 아이들한테서는 두 번째 답이 많았다. 대부분의 청소년들은 충동적이며 상대가 요구해서라고 답했는데 이는 책임감이 따르지 않는 행위다.

청소년 자녀를 둔 부모는 성행위에 따른 결과에 대해 임신 가능성과 미혼모가 되었을 때의 어려움 등을 구체적으로 알려준다. 성에는 반드시 책임이 따르기에 책임질 수 없다면 성관계를 미루도록 교육한다. 또한 바라지 않을 때는 '성적 자기결정권'이 자기에게 있으며 자신의 성은 자신이 책임져야 한다고 알려준다. 자신이 바라지 않을 때는 '안 돼.' 하고 단호한 태도로 말하게 한다.

청소년기는 성 충동이 가장 왕성한 시기이므로 성에 대한 호기심도 매우 강하다. 그런 만큼 아이들이 사회적으로 허용된 테두리 안에서 성을 받아들이고 이성교제를 하도록 부모가 지침을 제시하고 아이와 솔직한 대화를 나눌 수 있어야 한다.

이성 친구를 사귀면서 타인의 성을 이해하고, 인간관계 기술을 배우는 기회로 삼을 수 있다. 실제로 자존감이 높은 청소년들은 이성 친구를 사귀는 것을 계기로 학교생활도 열심히 하고 성적도 좋아지는 것을 확인할 수 있었다. 이성 친구 때문에 생활이 흐트러지거나 성적이 떨어지는 것이 아니다. 그러므로 부모가 이성에 대한 관심을 자연스럽게 받아들이고 개방적 자세를 가져야 아이가 부모와 고민거리를 상의할 수 있다.

 부모가 성에 대해 말하는 것을 금하거나 부정적인 사고를 가진다면 그런 태도는 바꾸어야 한다. 청소년의 성교육은 순결 위주의 성교육, 순결을 지키는 성교육이 아니라 생명을 존중하고 소중하게 생각하는 데 목표를 둔다. 그러므로 청소년들이 건강한 성 가치관을 형성하고 이웃을 존중하고 배려하는 성 문화를 만들어 가도록 하자.

행복한 아이가 세상을 변화시킨다

중학교 3학년인 우리 아이는 무슨 일이든 열심히 하는 법이 없습니다. 공부도 마지못해 하는 것 같고 매사에 의욕이 없습니다. 초등학교 때부터 그랬습니다. 어렸을 때는 부모가 시키면 하는 척이라도 했는데 지금은 저도 지쳐서 아이한테 말하기가 싫습니다. 무엇이든 열심히 하는 아이들을 보면 부럽습니다. 어떻게 하면 아이가 의욕을 가질 수 있을까요?

열심히보다 즐겁게 하도록 한다

2008년 베이징 올림픽에서 우리나라에 첫 금메달을 안겨준 유도선수 최민호를 기억할 것이다. 애국가가 울려 퍼지고 태극기가 올라갈 때 최민호 선수의 얼굴에 눈물이 흘러내렸다. 그의 눈물을 보며 가슴 뭉클한 감동을 받은 건 나만이 아닐 것이다. 최민호 선수는 경기가 끝난 후 인터뷰에서 '훈련의 고통마저도 행복했다.'라고 말했다.

그전에는 운동을 해야 한다는 부담감으로 마음이 늘 무거웠고 결과가 나쁘면 좌절하고 방황했다고 한다. 그런데 마음을 바꾸어 모든 훈련 과정을 긍정적으로 받아들이자 훈련이 지겹고 피하고 싶은 것이 아니라 자신이 이루고자 하는 유도선수의 꿈을 향한 여정이 되었고, 올림픽에서 금메달을 따기 위한 아름다운 도전이 된 것이다. 같은 조건에서 운동을 하지만 마음이 바뀌니 운동을 통해 행복감과 성취감을 느끼게 된 것이다.

우리는 자녀에게 '열심히 하라.'는 말을 자주 하는데 사실 우리가 어렸을 때 어른들에게 그 말을 들었을 때 어떤 느낌이 들었는가? 열심히 하라는 말을 들으면 의지가 강해지는 경우도 있지만 대부분 부담스러워했을 것이다. 열심히 하라는 말에는 '지금 열심히 하고 있지 않다', '아직 부족하다.'는 메시지가 들어 있기 때문이다.

자기 일을 열심히 하는 사람은 아름답게 보인다. 부모는 자녀가 스스로 알아서 자기 일을 열심히 하기를 바란다. 그런데 자기 일에 열정을 발휘하려면 스스로 원하는 것을 즐겁게 할 때 가능하다. 자기가 하고 싶은 것은 누가 시키지 않아도 자발적으로 하기 때문이다.

나는 부모들이 '열심히 하라.'고 말하기보다 '재미있게 하자', '신나게 하자.'라고 말하기를 권한다. 즐겁고 신나게 재미있는 일을 하면 저절로 열심히 하게 된다. 말을 물가로 데려갈 수는 있어도 물을 먹게 할 수는 없다는 말처럼 부모가 좋은 환경을 만들어 주어도 자녀에게 동기가 생기지 않으면 열심히 공부하기는 어렵다.

우리 뇌에는 정서와 기억을 관장하는 변연계limbic system가 있다. 무서운 동물을 보거나 위험한 상황에 놓일 때 두려움을 느끼고 그것을 피하게 하는 것은 변연계에 있는 편도체의 작용 때문이다. 편도체에서 위험을 감지하고 두려움이라는 감정을 느끼기 때문에 그 상황을 피하게 한다.

아이가 부모의 강요 때문에 억지로 공부하거나 실수하거나 틀렸을 때 야단을 맞으면 공부에 대한 부담과 혼날지도 모른다는 두려움을 갖게 된다. 그렇게 되면 뇌는 공부를 두려움의 감정으로 받아들여 멀리하거나 공부에 대한 부정적 생각을 하게 된다. 그러므로 아이를 혼내면서 공부하게 해서는 안 된다.

✓ 정서가 불안정하면 공부에 집중하기가 어려우므로 아이가 즐겁게 공부할 수 있는 환경을 만들어 주고 있는지 점검하자. 공부 환경은 물리적인 것도 있고 정서적인 것도 있다. 아이가 집에서 공부하는 것이 적절한지, 학원이 아이의 능력과 적성에 맞는지 살피자. 가족과 친구와 정서교류를 하는 것이 아이에게 영향을 준다.

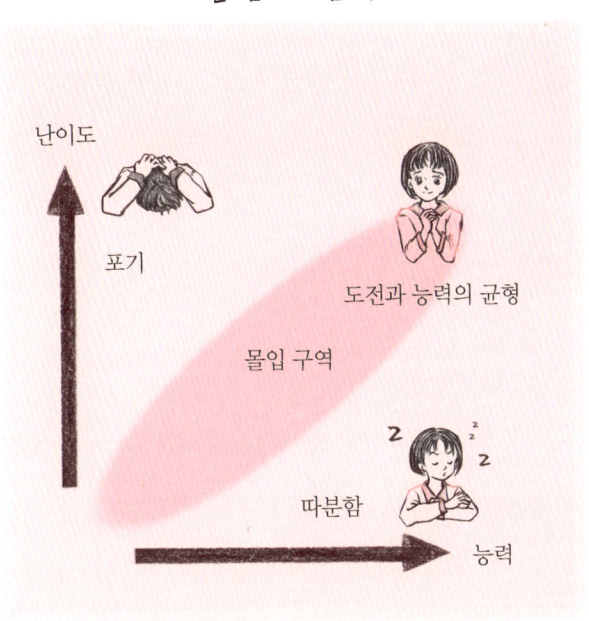

일의 난이도와 자신의 능력이 적절히 조화를 이룰 때
몰입할 수 있고 높은 성과를 이루어 낸다.

긍정 심리학자 미하이 칙센트미하이Mihalyi Csikszentmihalyi는 이렇게 말했다. "일 자체가 좋아서 할 때, 그 일을 경험하는 것 자체가 목적이 될 때 자기 목적적이라고 말한다. 외부의 다른 목적을 달성하려는 의도보다 일 자체가 좋아서 하는 사람이 자기 목적성을 가지고 있다고 말할 수 있다. 자기 목적성이 있는 청소년들은 집중을 더 잘하고 즐거움도 많이 느끼며 자긍심도 높고 자기가 하는 일이 미래의 목표 달성과 관계가 있다고 생각한다."

몰입 경험을 많이 하는 아이들은 자신의 생활을 잘 관리하고 의욕도 높다. 동기는 자동차 엔진과 같다. 엔진이 망가지면 자동차가 달리지 못하듯 아이에게 동기가 부족하면 의욕을 가지지 못한다. 부모의 뜻대로만 아이를 끌어가지 말고 아이가 좋아하는 것을 하게 한다.

긍정적 태도가 중요하다

에디슨은 전구를 발명하기 위해 2천 번이나 실패를 거듭했다. 기자들이 어떻게 실패를 극복했느냐고 하자 에디슨은 이렇게 말했다. "나는 한 번도 실패한 적이 없습니다. 전구를 발명하기 위해 2천 번을 연습했을 뿐입니다."

에디슨은 이러한 긍정적 태도가 있었기에 실패를 반복하면서도 지루한 실험과정을 이겨내고 새로운 발명을 할 수 있었다. 긍정의 힘은 실패나 좌절을 이겨내고 다시 일어나 앞으로 나아가게 한다. 아이들이 긍정의 힘을 가지려면 부모가 먼저 긍정적으로 살아야 한다.

몇 년 전 「오체불만족」을 쓴 오토다케가 우리나라를 방문해 텔레비전에 출연했다. 팔다리가 없는 그를 보는 순간 깊은 연민을 느끼게 했다. 그런데 그가 보여주는 유쾌함과 밝은 표정, 긍정적 태도는 장애를 가진 사람이라는 사실을 잊어버리게 하는 힘이 있었다. 그를 그토록 훌륭하게 키운 것은 바로 어머니였다. 오토다케는 책에서 어머니와의 첫 만남을 이렇게 적고 있다.

활짝 피어난 벚꽃 위로 다가선 부드러운 햇살, 정말 따사로운 하루였다.
"응애! 응애!"
불에 데어 놀란 것처럼 울어 대며 한 아이가 갓 태어났다. 건강한 사내아이였고 평범한 부부의 평범한 출산이었다. 단 한 가지 그 사내아이에게 팔과 다리가 없는 것만 빼고는….
드디어 모자간의 첫 만남이 이루어지는 날이 찾아왔다. 아버지는 차마 아기가 팔다리가 없다는 말을 하지 못한 채 그냥 몸에 약간의 이상이 있다고만 했다. 일단은 직접 만나보게 한 후 사태를 수습하자는 생각에서였다. 또한 어머니가 날 보는 순간 기절할 것에 대비해 병실까지 준비했다. 아버지와 병원, 어머니를 둘러싼 긴장감은 그렇게 높아만 갔다.

그러나 '모자 상봉의 그 순간'은 정말 상상 밖이었다.

"어머, 귀여운 우리 아기…."

대성통곡을 하다 정신을 잃고 자리에 쓰러질 것을 염려한 사람들의 예상을 뒤엎고 어머니한테서 흘러나온 첫마디였다.

그는 어머니와의 첫 만남이 훗날 자신의 삶에 큰 영향을 주었다고 했다. 아이의 장애보다 생명을 더 귀하게 받아들인 부모, 아이의 부족함에 대한 걱정보다 생명을 선물받은 기쁨에 더 감사하는 부모였기에 그는 신체장애를 삶의 장애로 받아들이지 않은 것이다. 그는 초등학교 교사가 되어 아이들에게 희망을 주고 있다.

우리 아이들이 도전을 멈추지 않는 한 좀 더 살 만하고 아름다운 세상이 될 것이다. 갈수록 다양해지고 개방되는 세상에서 우물 안 개구리로 머물러 현실에 안주하기보다 더 나은 미래를 위해 큰 꿈을 가지도록 아이 내면에 긍정의 힘을 가득 채워주자.

길은 처음부터 있는 것이 아니라 누군가가 지나가면 길이 되듯 아이들이 긍정성을 바탕으로 새로운 세상을 열어가고 도전하도록 도와주자.

자녀를 위한 기도

저희와 함께 계시는 하느님 아버지,
언제나 저희들을 비추고 보호하시며
인도하고 다스리시는 당신께
저희 아이들을 위해 간청합니다.
당신께 드리는 제 기도가 아이들에게
빛과 힘과 위로가 되게 하소서.
주님, 당신 친히 아이들의 길을 동반하시고
아이들의 귀에 속삭이시며
마음을 움직여 주소서.
아직 철부지로만 보이는
아이들이 살아가는 세상은 험난하고
온갖 유혹으로 가득 차 있나이다.
당신이 선물로 주신 저희 아이들이
아침엔 첫 눈길을 당신께 보내고
낮엔 당신 망토에 싸여 걷고
저녁엔 당신이 굽어보시는 가운데
잠들게 하시며
바르고 선한 것에 맛들이게 하소서.

-「매일 드리는 가족의 기도」

4 신앙 안에서 자녀를 사랑하자

자녀에게
신앙의 씨앗을 심어주자

아이가 초등학교 4학년이 되었습니다. 유아세례를 받은 아이는 엄마 아빠와 함께 주일미사에 참여했는데 요즘은 미사에 가려 하지 않습니다. 지난해 첫영성체를 하지 못했는데 어떻게 해야 하나요?

신앙은 인생의 나침반이다
초등학교 4학년이면 부모를 따라다니거나 함께 나들이하는 것보다 또래 집단의 영향력이 중요해지는 시기이므로 또래 친구들과 어울리는 것을 더 좋아한다. 그래서 또래 친구 문화는 아이의 성장에 많은 영향을 준다.

아이들은 3,4학년이 되면 일정 기간 첫영성체를 준비하고 설레는 마음으로 영성체를 한 후 본격적인 교회 일원으로 주일학교에 활발하게 참여하여 다양한 활동을 한다.

주일학교는 아이들의 신앙교육을 위해 본당신부님의 사목활동을 위임받은 교사들과 아이들이 함께 예수님을 닮아가는 신앙의 보금자리다. 또한 신부님의 지도로 미사에 참여하고 교리를 배우며 다양한 활동으로 신체발달·인성개발·봉사활동을 하며 전인적으로 발달한다. 아이들은 신앙 공동체 안에서 다양한 활동을 하며 내적 성장을 이룬다.

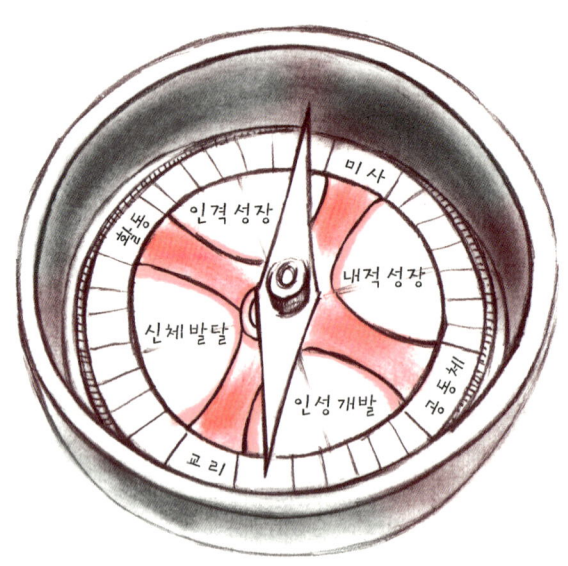

부모는 아이가 첫영성체를 하도록 적극적으로 도와주어야 한다. 바쁜 학원 스케줄 때문에 첫영성체를 미루는 경우를 종종 보게 되는데 부모가 신앙의 씨앗을 심어주면 아이는 주일학교 활동을 하면서 신앙을 키워 나가게 된다. 주일학교 활동을 꾸준히 한 청소년들은 사춘기도 무난히 잘 보낸다. 튼튼하게 자란 신앙은 아이가 살아가면서 힘들고 고통스런 일을 만날 때 인생의 나침반이 될 것이다.

요즘은 워낙 사회 변화가 빨라 아이들이 겪는 가치관의 혼란도 심각하다. 친구들과의 갈등, 이성 문제, 성과 생명, 환경 문제 등 아이들이 직면하는 문제를 굳건한 신앙 안에서 해결해 나가도록 도와주자.

갈수록 개인화되는 시대에 아이들이 어릴 때부터 공동체감을 터득해 나가는 것은 매우 중요하다. 사람은 더불어 살아가지 않으면 생존할 수 없다. 공동체감을 키우고 실천하지 않으면 결코 성숙한 인간이 될 수 없다. 아이들은 고립되지 않고 공동체 안에서 기쁘게 살아야 한다. 핵가족 제도에서 자란 아이들이 교회 공동체 활동을 통해 사람들에게 유익함을 주고 서로 연결되어 있음을 자연스럽게 익혀 나가도록 도와준다.

공동체감은 아이들의 성격형성에 많은 영향을 준다. 도움을 주고받는 마음은 낙관적 태도를 갖게 해 공격적이거나 방어적인 태도를 예방한다. 약하고 불완전한 존재인 우리 인간은 혼자서 살아갈 수 없으며 고립된 사람은 사회의 유익한 일원이 될 수 없다. 아이들이 교회 공동체 안에서 사랑과 나눔을 몸으로 익혀 건강한 공동체 일원으로 성장하도록 이끌자.

아이들은 부모의 신앙생활을 보고 배운다

부모가 함께 건강한 가정을 이루고 신앙생활의 모범을 보여주는 것은 어떤 신앙교육보다 중요하다. 요셉과 마리아의 성가정을 우리 가정의 모범으로 삼아 사랑과 평화가 있는 가정을 지향하도록 힘써야겠다. 가정은 생명과 사랑의 보금자리가 되어 자녀들이 스스로 존엄성을 깨닫고 진리와 사랑으로 성장하도록 도와주어야 한다. 모든 어려움을 혼인성사의 은총으로 이겨내고 가정이 성화되고 가정을 통해 세상이 성화되도록 기도한다.

자녀를 잘 기르려면 먼저 부부가 화목해야 한다. 부부가 화목하지 못하면 아이들은 지진과 같은 경험을 한다고 한다. 실제로 지진 상황을 상상해 보자. 땅이 갈라지고 지축이 흔들린다면 얼마나 두렵고 불안에 떨겠는가? 생존이 위협받는 상황에서 죽음에 대한 공포는 아이의 온 존재를 떨게 만든다. 부부가 화목하지 못하고 폭력이 오갈 때 아이들은 심리적 지진 상태에 놓이게 되고 이는 아이에게 심각한 정신적 후유증을 남긴다. 부모의 사랑을 먹고 자라는 아이가 신성 행복하기를 바란다면 부모는 사랑과 화합으로 가정을 이끌어 가야 한다.

부모가 화합하지 못할 때 아이들은 치명적 상처를 입는다. 엄마 아빠가 싸우거나 아이에게 화풀이를 하고 넋두리를 할 때 아이들은 죄의식에 사로잡힌다. 부모의 불행이 자기 탓이라는 강력한 메시지는 아이에게 '가치 없고 쓸모없는 사람' 또는 '나쁜 사람'이라는 죄책감에 시달리게 한다. 자신을 소중하게 여기지 않는 사람이 어떻게 이웃을 사랑하고 세상을 살 만한 곳으로 만들어 가겠는가.

156쪽 그림은 아이가 그린 물고기 가족이다. 집 안 분위기는 어둡게 가라앉아 있다. 아이의 심리적 환경은 어둡고 배고프다. 그래서 어둠을 해결하기 위해 큰 조명을 설치하고 부모가 주는 먹이를 먹기 위해 입을 벌리고 있다. 아이는 밝고 활기찬 집을 바라며 부모한테서 많은 사랑을 받기를 바란다.

부모는 온화하고 따뜻하며 가정의 평화를 지키는 모습을 자녀에게 보여줄 의무가 있다. 부모가 되었다면 사랑받는 자녀로 키우는 것은 당연한 일이다.

가정을 이루는 것은 성소와 같다. 우리는 부모로서, 아내와 남편으로서 자신의 고유한 역할을 받았다. 예수님의 제자들이 부르심을 받고 예수님을 따랐듯이, 우리도 가정에서 자기 역할을 충실히 할 때 예수님의 부르심에 응답하고 예수님 사랑을 실천하는 삶을 사는 것이다.

싸우지 않고 사는 부부는 없을 것이다. 아니 싸우지 않고 사는 부부가 오히려 건강하지 못하다고 한다. 함께 살다 보면 아무리 사이가 좋아도 갈등이 생기게 마련이다. 부부가 싸우지 않는다면 담을 쌓고 소통하지 않거나 관계가 단절되었기 때문일 것이다. 갈등을 해결하는 부모 모습을 통해 아이들은 안정을 찾는다.

부부 싸움을 할 때도 상대방을 비난하지 말자. 갈등이 생겼을 때 상대방을 탓하고 비난하면 상대방도 비난하게 된다. 서로를 경멸하고 상처를 주면 부부 관계는 어긋나고 아예 담을 쌓게 된다. 비난하고 방어하면 해결은커녕 오히려 문제가 더 깊어지고 엉뚱한 방향으로 나아가게 된다. 갈등이 생겼으면 해결 방법도 있게 마련이다. 서로 비난만 하지 말고 마음을 열고 이야기를 나누어 대안을 찾아야 한다.

부부는 서로 다른 존재다. 남녀라는 생물학적 차이도 있지만 살아온 환경과 경험 등 많은 차이가 있다. 서로의 다름을 인정하고 수용한다면 갈등은 쉽게 해결될 수 있다. 나와 다른 것이 틀린 것은 아니며 내 생각과 다르다고 상대방을 흠집 내거나 부족한 사람으로 몰아가서는 안 된다. 내 관점에서만 바라보는 최선은 최악의 결과를 가져오기도 한다. 두 사람이 서로에게 '틀렸다', '나쁘다'는 관점을 버려야 해결의 실마리를 찾을 수 있다.

공감하고 받아들이며 소통한다

우리가 대화하는 목적은 서로를 이해하고 당면한 문제를 해결하기 위함이다. 대화는 상대방을 내 뜻대로 바꾸고 조종하고 설득하는 것이 아니라 서로의 마음을 나누는 우리 몸 속의 혈액순

환과 같다. 혈액순환이 안 되면 병이 나듯 가족 사이에 소통이 안 되고 대화가 막히면 가정은 동맥경화 상태에 놓인다. '조용한 가족'은 위험하다. 집이 떠들썩하더라도 서로의 의견이 오가고 마음을 나누고 이해하는 데서 친밀감이 깊어진다.

소통이 안 되는 가족은 서로에 대한 오해와 불신으로 당면한 문제를 적극적으로 해결하지 못하고 체념하며 포기해 버린다. 부부가 갈등이 있을 때 상대방을 바꾸거나 고치려 해서는 안 된다. 오히려 상대방을 이해하고 공감함으로써 '부부 관계를 치유'해야 한다.

결혼 10년차 부부를 상담한 적이 있다. 서로에 대한 불신의 골이 깊어 이혼 위기에 놓인 이 부부는 서로 사랑한 기억을 잊은 지 오래되었다. 이 부부가 위기를 맞은 가장 큰 이유는 대화 부족이었다. 부부는 언제부터인지 대화가 없어지고 습관처럼 한 울타리에서 사는 동거인에 지나지 않게 되었다. 부부 싸움이 잦아지면서 남편이 집에 들어오지 않는 날이 늘어나자 더 이상 함께 살 이유가 없어진 것이다.

이 부부의 두 아이 가운데 큰아이는 학교에 적응하지 못해 심리치료가 필요한 매우 불안정한 상태였다. 그러나 다행인 것은 부부가 아직 젊고 관계를 회복할 의지가 있다는 것이었다. 상담

프로그램에 부부가 적극적으로 참여하며 10회를 넘어갈 즈음 두 사람은 서로 손을 맞잡고 상대방을 바라보게 되었다. 아내의 그늘진 얼굴에는 화사한 웃음이 떠올랐고 축 처진 남편의 어깨에는 힘이 생겼다. 두 사람은 새로운 출발을 하게 된 것이다.

남편은 아내의 말을 비판 없이 공감하며 들을 수 있게 되었다. 예전 같으면 해결책을 주느라 아내 마음을 불편하게 했지만 이제는 아내가 말할 때 고개를 끄덕이며 듣게 된 것이다. 아내는 남편이 혼자 있고 싶어할 때 조용히 물러나 쉴 수 있도록 배려했다. 남편의 존재를 인정하고 힘을 주는 말을 하게 된 것이다. 두 사람은 더 이상 자기 말만 하지 않고 상대방의 마음을 읽으려고 노력하는 관계로 바뀌었다.

퇴근하고 돌아오는 남편이 아내에게 "힘들었지." 하고 말하면 아내는 "밖에서 일하느라 당신이 더 힘들었지." 하고 말한다. 아이들에게 "공부하느라 수고가 많구나", "애쓴다."라고 말해 주면 아이들은 "아빠, 고마워요."라고 말한다. '수고한다', '애쓴다', '힘들지?'라는 말이 가족에게 힘이 되어 지친 마음에 에너지를 충전시켜 준다.

나는 부모교육 시간에 참여한 부모와 함께 '미안해', '사랑해', '고마워.'라는 말을 함께 반복한다. 어렵지 않은 이 말을 가족에게 얼마나 자주 하는가? 참가자들이 가족을 떠올리며 이 말을 되풀이하다 보면 어느새 새로운 에너지가 충전되는 기분을 느낄 수 있다. 사랑은 표현하지 않으면 상대방이 알 수 없다. 사랑과 감사의 마음을 적극적으로 표현하자.

 ## 자녀를 놓아준다

저는 어렵게 아이를 낳았습니다. 힘들게 가진 아이인 만큼 남부럽지 않게 훌륭한 아이로 키우고 싶었습니다. 그런데 아이는 부모 마음을 몰라주고 자꾸 자기 하고 싶은 대로 하려고 합니다. 아이만 바라보고 사는 저는 제 곁을 떠나려는 아이가 야속하게 생각됩니다. 저는 날마다 하느님께 아이가 저를 떠나지 않고 제 말을 잘 듣게 해 달라고 기도합니다. 언제까지나 저는 아이에게 좋은 엄마로 남고 싶은데 아이는 왜 엄마를 필요로 하지 않는 걸까요?

아이는 자신의 삶을 살아야 한다

성모님은 생전에 사랑하는 외아들 예수님이 수많은 박해와 고통을 받는 모습을 지켜보았고, 십자가를 짊어지고 가장 비참하고 처절한 모습으로 죽어가는 아들을 바라보아야 했다.

자녀를 키우는 엄마로서 성모님의 심정을 헤아려 보면 가슴이 미어지고 갈기갈기 찢어지는 아픔을 느낀다. 모든 부모는 자식이 행복하기를 바란다. 자녀가 아플 때 대신 아파하고 자식을 살리려고 목숨까지 내놓는 것이 부모 마음이다. 예수님이 고통당하실 때 성모님은 어떤 기도를 바치셨을까? 하느님을 원망하며 함께 있게 해 달라고 애원하셨을까?

성모님은 예수님이 가려는 길을 방해하거나 말린 적이 없다. 아들을 믿고 기다려 주는 어머니였다. 성모님은 자신의 운명을 불평하거나 원망하지 않고 모든 것을 받아들이고 순명하셨다. 그런 크나큰 사랑이 있었기에 천상으로 들어 올려졌으며 성가정의 모범이 되었다.

소설가 공지영은 「즐거운 나의 집」에서 이렇게 말했다.

"성모 마리아가 존경을 받는 이유는 그녀가 구세주를 낳았기 때문이 아니란 걸 엄마는 그제야 깨달아 버렸다. 달빛 아래서 엄마는 거실 바닥에 엎디었지. 그녀가 존경을 받는 이유는 그녀가 그 아들을 죽음에 이르도록 그냥 놔두었던 거라는 걸 알게 된 거야. 모성의 완성은 품었던 자식을 보내주는 데 있다는 것을. 그리고 그 거실에 엎디어서 엄마는 깨달았다. 이 고통스러운 순간이 은총이라는 것을 말이야."

자녀는 소유물이 아니므로 자기 길을 가도록 기꺼이 떠나보낼 수 있어야 한다. 아이들은 어렸을 때는 부모 품이 세상의 전부라고 생각하지만 성장하면서 부모 품을 떠나 자기 세상을 열어간다. 아이들이 사춘기를 지날 때 부모들도 힘든 시기를 보내는데 그것은 마치 텅 빈 듯 삶이 공허하고 더 이상 엄마에게 의존하지 않는 아이를 보며 역할 상실에 괴로워하기 때문이다.

그러나 자녀가 부모를 떠나는 것은 자연스런 성장 과정이며 잘 떠나보낼 수 있어야 건강한 부모다. 자녀를 소유물인 양 붙잡아서는 안 된다. 좋은 부모는 자녀를 잘 떠나보내며 자녀한테서 독립한 부모다. 자녀에 대한 집착은 지나친 욕심을 낳아 서로를 힘들게 한다.

몇 년 전 대학입시에 떨어진 한 과학고 학생이 스스로 목숨을 끊은 사건이 있었다. 그 학생은 '엄마, 마음 편히 사세요.'라는 유서를 남겼다. 인생에서 대학입시는 한 과정일 뿐인데도 부모의 지나친 기대와 욕심이 대학에 떨어진 자녀를 인생의 실패자요 낙오자로 만든 것이다. 부모는 자녀의 입시 실패를 자기 실패로 받아들였고, 깊은 절망감에 빠진 학생은 부모를 실망시켰다는 죄책감에 자살이라는 극단적 선택을 한 것이다.

부모는 자녀가 잘 자라도록 정성을 다해야 하지만 자녀의 삶이 부모의 삶이 되어서는 안 된다. 성모님을 본받아 자녀가 설령 부모의 뜻과 다른 길을 가더라도 믿고 맡기며 인내하고 기도하자. 부모의 지지를 받는 자녀는 내적 힘을 얻고 더욱 힘차게 살아갈 것이다.

이 세상을 떠나고 난 후 자녀들이 부모를 어떤 존재로 기억하기를 바라는가? 자녀의 가슴속에 따뜻하고 포근하며, 온전한 사랑을 준 부모로 남고 싶다면 지금 살아 있을 때 자녀에게 온전한 사랑을 줄 수 있어야 한다.

자녀가 부모의 말에 비판하고 다른 생각을 하며 자기 뜻대로 할 때 말을 듣지 않는다고 괴로워하기보다 '자녀가 성장하고 있음'에 감사해야 한다. 자녀를 품에 끼고 있다가 한꺼번에 놓으려 하면 고통스럽고, 자녀와 관계가 어긋나면 회복하는 데 많은 노력이 필요하다. 그러므로 지금부터 아이를 천천히 놓아주는 연습을 하자. 특히 사춘기에 접어드는 아이한테서 거리두기를 의식적으로 실천하자. 아이가 문을 닫고 들어가면 방문을 열고 나올 때까지 기다리는 부모가 되자.

자녀가 바라는 사랑을 준다

돈 보스코 성인은 "자녀를 사랑하는 것만으로는 부족합니다. 아이들이 사랑받는다는 걸 느낄 수 있도록 사랑해야 합니다." 하고 말했다.

청소년들에게 "부모님이 너희를 사랑한다고 생각하니?"라고 물어보면 의외의 답이 돌아온다. "아니요. 사랑하지 않아요."라거나 "잘 모르겠어요."라고 말하기도 한다. 자식을 사랑하지 않는 부모는 없겠지만 방법을 몰라 아이가 사랑받는다는 걸 느끼게 하지 못할 뿐이다. 부모가 주고 싶은 사랑이 아니라 아이가 받고 싶은 사랑을 주는 것이야말로 진정한 부모 사랑이다. 자녀에게 사랑을 느끼게 하려면 아이의 존재를 긍정하고 감사하는 것이 중요하다.

한 엄마의 사례를 들어본다. 아이가 초등학교 5학년 때 주의력 결핍 진단을 받았다. 주의력 결핍은 뇌의 이상 증상으로 적절한 치료를 받아야 호전될 수 있다. 그런데 아이가 주의집중을 못해 부모가 하는 말을 잘 알아듣지 못하고 학교에서는 학습 부진으로 공부에 집중하지 못하자 엄마는 아이를 혼내고 야단치며 몸시 미워했다.

반면에 영민한 둘째 아이는 언니와 달리 학교생활도 잘하고 친구와 관계도 좋고 공부도 잘했다. 작은아이와 비교되어 큰아이를 볼 때마다 화가 났고 미워하는 마음은 고스란히 아이에게 전해졌다. 일상생활에서 엄마의 말과 행동은 아이에게 부정적 자극이 되었고 부모의 따뜻한 사랑을 받지 못한 아이는 자존감도 낮고 친구들한테 따돌림까지 받았다.

아이의 상태를 5학년이 되어서야 알게 된 엄마는 깊이 뉘우쳤다. '아이가 일부러 그런 것도 아니고 어쩔 수 없는 상황이었는데 그동안 얼마나 상처가 컸을까?' 하는 생각에 가슴이 아팠다. 부모의 기대에 미치지 못하는 큰딸이 미웠고 이런 아이의 엄마라는 사실이 부끄럽기까지 했던 것이 미안해 신앙생활을 시작했다.

날마다 실수를 되풀이하고, 상처투성이에 완벽하지 않아도 늘 한결같이 못난 자신을 받아들여 주시는 예수님의 무조건적 사랑에 하염없이 눈물이 쏟아졌다. 부모의 사랑에 목말라했을 아이를 생각하며 부족한 자신의 모습을 발견한 것이다.

그 후 엄마는 변화하기 시작했다. 있는 그대로의 모습을 받아들이고 마음을 다해 아이를 사랑하기로 마음먹었다. 때때로 욕심이 올라오면 주님께 기도했다. 자신에게 부족한 사랑을 채워

주시기를 간절히 기도하며 아이가 기대한 만큼 좋아지지 않아도 믿고 기다리게 되었다. 사랑을 주면서 아이도 변화하기 시작했다. 엄마에게 다가오고 안아주면 무척 좋아했다. 엄마가 아이의 눈높이에 맞추니 아이가 사랑스럽기까지 했다.

자녀를 키우면서 누구나 힘들고 고통스러울 때가 있는데 우리에게 다가오는 모든 고통은 그 안에 의미가 담겨 있다고 한다. 바로 고통 가운데서 주님의 사랑을 깨닫는 것이다. 우리를 지극히 사랑하시는 주님은 고통을 통해 우리가 성장하게 하신다. 그 고통을 받아들이고 의미를 발견하는 순간 고통은 선물이 된다.

교만과 욕심, 집착을 내려놓으면 겸손과 사랑으로 가득 차 자녀를 바라보는 시각이 달라진다. 기적은 거창한 것이 아니다. 자신이 변화하는 것이 바로 기적 체험이다. 어제와 다른 나를 발견하는 것, 어제와 다른 시선으로 자녀를 바라볼 때 작은 기적을 발견하게 될 것이다.

 자녀를 사랑하고 또 사랑하자

저는 아이가 셋입니다. 열 손가락 깨물어 안 아픈 손가락이 없다지만 솔직히 더 예쁜 아이도 있고 미운 아이도 있습니다. 큰아이를 예뻐하려고 노력해 보았지만 늘 제 뜻과 반대로 행동하는 아이를 사랑하기가 힘듭니다. 청개구리 같은 아이가 제 인생의 걸림돌 같다고 생각할 때도 있습니다. 공부도 제대로 안 하면서 요즘은 대들기까지 합니다. 집이 싫다며 점점 빗나가는 아이를 보면 제 마음이 타들어 갑니다.

다음은 루카복음 15장에 나오는 '되찾은 아들의 비유' 이야기다. 어떤 사람에게 아들이 둘 있었는데 형은 아버지 말을 잘 들고 농사일을 거드는 효자였고, 작은아들은 놀기를 좋아하는 말썽쟁이였다. 작은아들은 아버지를 졸라 자신의 몫을 상속받아 도시로 나가 흥청망청 돈을 다 써버렸다. 급기야 빈털터리가 된 작은아들은 주린 배를 움켜쥐고 고향을 찾아간다.

아버지는 작은아들을 보자 달려와 아들의 목을 껴안고 입을 맞추며 잔치를 벌인다. 이에 화가 난 큰아들이 집으로 들어가려 하지 않자 아버지가 일렀다.

"얘야, 너는 늘 나와 함께 있고 내 것이 다 네 것이다. 너의 저 아우는 죽었다가 다시 살아났고, 내가 잃었다가 되찾았다. 그러니 즐기고 기뻐해야 한다."(31-32)

'되찾은 아들의 비유' 이야기는 자식에 대한 부모의 무한한 사랑과 용서하는 마음을 깊이 느끼게 한다. 자녀가 마음을 아프게 하면 자칫 아이를 벌주고 심한 말을 하기도 한다. 어떤 부모는 자식이 잘못했으면 그에 합당한 벌을 주어야 한다고 말하고 어떤 부모는 아이가 미워 상처 받을 말만 골라 한다. 그런데 나는 가정과 사회의 법은 다르다고 생각한다.

사회에는 사람들이 지켜야 할 각종 제도와 법, 규칙이 있고 그것을 지키지 않을 때 엄중한 처벌이 따른다. 그래서 사람들은 처벌받지 않으려고 법을 지킨다. 또 법을 지키는 이유는 처벌을 면

하기 위한 것도 있지만 공동생활을 위해 규칙이 필요하다는 사회적 합의가 있기 때문이기도 하다.

미숙하고 경험이 부족한 아이들이 잘못하고 실수를 저지를 때마다 처벌하고 응징한다면 어떻게 용서하고 감사하는 걸 배우겠는가?

한 아버지의 예를 들어본다. 중학교 3학년 아들이 아버지에게 반항하고 툭하면 밤늦게까지 집에 돌아오지 않았다. 그날도 밤 11시가 지났는데도 돌아오지 않자 아버지는 '들어오기만 해봐라.' 하고 별렀다. 그리고 아들이 현관문을 들어서자 따귀를 때렸다. 아들은 아버지를 힐긋 쳐다보더니 그대로 방으로 들어가 버렸다.

다음날 아들은 더 늦게 돌아왔고 아버지는 아들을 더 세게 때렸다. 아들은 점점 더 늦게 들어왔고 아버지는 자정이 넘어 들어오는 아들을 때리며 고함을 쳤다.

아버지 교육에 참여해 고충을 털어놓는 그분이 자식 때문에 얼마나 애를 태우는지 알 수 있었다. 그분은 아들을 혼내고 야단치는 것이 관계만 악화시킨다는 걸 알고 있었지만 마땅한 방법을 찾지 못했다.

나는 그 아버지에게 아들이 몇 시에 들어오건 따뜻하게 안아주라고 말했다. 그분은 선뜻 용기가 나지 않는 눈치였다. 그러나 아들이 더 멀어지기를 바라지 않는다면 지금이 아버지의 사랑을 보여주어야 할 때라고 힘주어 말하자 한번 해보겠다며 다짐하고 돌아갔다.

그리고 일주일 후에 그분을 만났는데 표정이 무척 밝았다. 그분은 웃음을 띠며 말했다.

"아들은 그날도 자정을 넘겨 어슬렁거리며 돌아왔습니다. 입에는 술 냄새까지 풍기면서요. 마음속으로 '아들이 돌아오면 절대로 때리지 않고 안아주리라.' 다짐하며 아들을 두 팔로 껴안았습니다. 아들은 뜻밖의 행동에 당황한 듯 움찔하더니 내 품에서 빠져나가려고 안간힘을 썼습니다.

저는 그럴수록 아들을 꼭 껴안았습니다. 그러고 나서 나지막하게 '아들아, 힘들지?' 하고 말했습니다. 그때 아들의 몸에서 풍선에 바람 빠지듯 분노의 기운이 빠지는 것을 느꼈습니다. 아들이 울먹이자 저도 함께 울었습니다. 다음날 아들은 제 시간에 돌아왔고 더 이상 저를 거부하거나 반항하지 않았습니다."

아버지의 따뜻한 포옹과 '힘들지?'라는 한마디가 아들의 마음을 바꾸어 놓은 기적 같은 이야기를 듣고 다른 아버지들도 가슴 뭉클함을 느꼈다. 그분은 이제 사랑은 결단과 의지임을 마음에

새기며 '자식을 미워하지 않고 사랑할 것'을 다짐했다. 아직 어색하고 쑥스럽지만 말과 행동으로 아들에게 부모의 사랑을 표현하기 위해 한 걸음씩 나아가고 있다.

이솝 우화에 〈해와 바람〉 이야기가 있다. 어느 날 해와 바람이 누가 먼저 나그네의 두꺼운 외투를 벗게 하는지 내기를 했다. 바람이 세차게 입김을 불었지만 나그네는 더욱 옷깃을 여몄다. 이번에는 따뜻한 햇빛이 내리쬐자 나그네가 옷을 벗는 이야기다.

자녀들의 마음을 열게 하는 것은 비판과 나무람이 아니라 따뜻한 사랑과 배려다. 자녀에게 무한한 신뢰를 줄 때 부모를 믿고 사랑하며 보답한다.

아이들은 부모의 사랑과 신뢰를 먹고 자란다. 비난은 아이를 성장시킬 수 없다. 아이들이 변화하려면 부모의 믿음과 격려를 받고 스스로 변화하려는 내적 동기가 있어야 가능하다. 자녀가 마음에 들지 않거나 미울 때 하느님께 사랑하고 또 사랑하게 해주시길 간절히 기도해야 한다. 사랑이 밑바탕에 깔려 있지 않으면 훈육은 무익하다.

높은 산을 오르기 전에 사람들은 먼저 안전한 베이스캠프를 설치한다. 산을 오르다가 악천후를 만나거나 위험에 빠지면 베이스캠프로 돌아와 때를 기다린다. 체력이 회복되고 악천후를 피하는 곳이 바로 베이스캠프다.

  가정도 자녀가 세상에서 비바람을 맞고 지쳐 돌아올 때 안전하게 맞아주는 베이스캠프가 되어야 한다. 자녀가 부모 품으로 돌아오기를 머뭇거리게 해서는 안 된다. 부모는 어떤 일이 있어도 자녀를 포기할 수 없기에 가정은 아이들을 지키는 최고의 보루가 되어야 한다.

글을 마치며

행복한 부모가 행복한 아이로 키운다

아무리 부모가 지극한 사랑과 정성으로 자녀를 기른다 해도 실수와 잘못을 하기 마련이다. 그런데 자녀가 부모의 바람과 달리 문제행동을 보이거나 부모와의 관계가 어긋나게 되면 부모는 자칫 자책하게 된다. 부모교육을 하면서 만난 이들 가운데 자녀 문제를 걱정하며 자책하는 경우를 종종 보게 되는데 이러한 부모의 자책감은 자녀를 행복한 아이로 키우는 데 도움은커녕 걸림돌이 된다.

지금부터 좋은 부모가 될 것을 결심하자. 그동안 양육태도에 문제가 있었다면 방향을 바꾸어 바른 방법을 익히면 된다. 누구나 실수를 하면서 배우기 마련이다.

어떤 부모는 "지금부터라도 잘하면 아이가 좋아질까요?" 또는

"아이가 바뀌지 않으면 어떻게 하죠?" 하며 불안해한다. 인간의 상상과 의지가 싸우면 상상이 이긴다는 말처럼 아무리 열심히 노력해도 긍정적으로 상상하지 못하면 변화는 일어나지 않는다. 반대로 긍정적으로 상상하면 긍정적 변화가 일어난다. 부모의 믿음은 아이의 내적 힘이다. 자녀에게 긍정적 믿음을 가지고 좋은 부모됨을 포기하지 않고 꾸준히 노력하자. 그러려면 부모가 먼저 긍정적이어야 한다.

한 어머니는 20대부터 알코올의존증으로 고생해 온 아들을 위해 하루도 거르지 않고 기도했다. 그 아들은 마흔이 넘어 알코올의존증에서 해방되어 사회생활을 하고 가정도 꾸리게 되었다. 20여 년간 부모가 아들에게 보여준 믿음과 기도의 힘이 변화를 가져온 것이다. 지난 잘못을 자책하기보다 지금부터 새로운 선택을 하겠다는 마음을 가지자. 안 되면 다시 하면 된다. 부모의 긍정적 태도를 아이들은 그대로 보고 배운다. 나는 부모교육 시간에 참석자들과 함께 다짐한다.

"지금 안 된다고 자책하거나 미워하지 않는다. 우리 아이는 잘 자랄 것이다. 나는 아이의 성장을 도와주는 좋은 부모가 될 수 있다."

부모도 자신을 믿고 부모됨을 자랑스럽게 생각하자. 부모가 자신감을 갖지 못하면서 아이에게 자신감을 가지라고 할 수는 없다. 이 책이 부모에게 자신감을 갖는 데 도움이 되기를 바라며 행복한 부모상으로 한 걸음 더 나아가기를 기대한다.

　자녀들이 훗날 "저를 낳아주셔서 감사합니다. 부모님을 만난 것은 제 인생에서 가장 큰 축복입니다. 저는 행복합니다."라고 말한다면 얼마나 행복하겠는가. 그런 말을 기대하면 엄마 노릇 하는 일이 행복해진다. 많은 부모가 먼저 행복한 부모가 되어야 행복한 자녀를 기를 수 있다.